英語で教える英語の授業

— その進め方・考え方

望月正道・相澤一美
笠原 究・林 幸伸 ［著］

大修館書店

はじめに

　平成21 (2009) 年に改訂された高等学校学習指導要領では「授業は英語で行うことを基本とする」という文言が盛り込まれ，話題になりました。平成28 (2016) 年度中に告示されると考えられている新学習指導要領では，中学校でも英語での授業を行うことが基本となるようです。英語で英語を教えることは，中学・高校の英語教師に求められることになります。しかし，教育実習に行った学生の話を聞くと，相変わらず多くの教師が日本語で英語の授業を行っているようです。英語教師はみな生徒が真の英語力を身につけることを願って授業をしていることと思います。ただ日本語を使う割合が多ければ，生徒がインプットとして英語を聞く機会が少なくなります。英語を聞いて理解し，それに英語で応答するというやりとり (interaction) を生徒がもつ機会を増やさなければ，真に英語を使いこなす技能を養成することはできないと考えます。

　学習指導要領の改訂に伴い，大学入試センター試験の廃止，4技能を測定する外部試験の入試への導入などが議論されています。これまでの大学入試は語彙・文法という言語知識とリスニング・リーディングという受容的技能が主に出題されるために，英語教師は生徒をそれに対応できる力を養成することがもっとも大切な職務と考えてきたかもしれません。しかし，これまでも学習指導要領は4技能を等しく身につけさせることを謳ってきました。それにもかかわらず，大学入試で4技能が問われることはなかったので，英語教師はその育成に十分時間をかけてこなかったのかもしれません。大学入試で4技能が問われるようになって初めて，スピーキングやライティングもできるようにさせなければならないと考えるようになるかもしれません。

　本書は，英語で英語を教えてみたいという先生方に，気軽にできることからやっていただきたいという姿勢で，さまざまな英語で教える方法や活動を紹介します。これならできそうだというものがあれば，ぜひ試していただきたいと思います。また，本書が提案するとおりでなくても，各学校の実情に合わせて，アレンジして使ってもらえればと考えます。

本書は4部から成ります。第1部「『英語で授業』の考え方」では，第1章として，教師が英語で授業をする上で悩む点を取り上げ，解決策を考えます。第2章では，「授業は英語で行うことを基本とする」という文言がなぜ学習指導要領に盛り込まれたかについて考察します。

　第2部『英語で授業』の構成要素」では，「ウォームアップ」（3章），「新教材の提示・説明・練習」（4章），「コミュニケーション活動」（5章），「発展活動」（6章），「評価の方法」（7章）のように，実際の授業の構成要素をどのように英語で授業を進めていくかについて提案します。英語での導入，練習の方法の例を取り上げます。

　第3部「4技能別の『英語で授業を行う』ポイント」では，リスニング（8章），リーディング（9章），スピーキング（10章），ライティング（11章）を中心とする指導案の作り方を述べます。さらに，中学校での英語による授業の指導案を2つ提案します。実際の英語教科書を元に指導案を作成しているので，具体的に参考になる部分があると思います。

　第4部「授業を振り返る」では，教師の成長に必要な「教師の振り返り」（13章）と「教師のトレーニング」（14章），さらに生徒を「自律した学習者を育てる」（15章）方法について考えます。

　授業の始めから終わりまですべて英語で教えるのは，それなりに大変です。最初はできるところからでも英語で教えてみる態度が必要だと考えます。さらに同僚との連携も大切でしょう。互いにうまくいったこと，うまくいかなかったことを報告し合い，改善を図るのがよいでしょう。本書が英語で授業を始めることのきっかけになれば本望です。

平成28年8月

　　　　　　　　　　　　　　　　　　　　　　　　　　　　著者一同

目次

はじめに　iii

第1部 「英語で授業」の考え方 ……………………………… 3

第1章 「英語で授業」についての悩み……………………………………… 4
第2章 なぜ「授業は英語で行うことを基本とする」のか…………… 16
　1．コミュニケーション能力はどう育成されるか………………… 16
　2．第二言語習得研究から英語での授業を考える………………… 17
　3．「英語で授業」を実行する ……………………………………… 20

第2部 「英語で授業」の構成要素 ……………………………… 23

第3章 ウォームアップ……………………………………………………… 24
　1．ウォームアップ活動の目的と実践……………………………… 24
　2．効果的なウォームアップ活動の特徴…………………………… 33
第4章 新教材の提示・説明・練習………………………………………… 34
　1．文法項目を扱う指導・1 ………………………………………… 34
　2．文法項目を扱う指導・2 ………………………………………… 40
　3．内容を中心に扱う指導・1 ……………………………………… 46
　4．内容を中心に扱う指導・2 ……………………………………… 54
第5章 コミュニケーション活動…………………………………………… 59
　1．インフォメーションギャップ活動……………………………… 59
　2．オピニオンギャップ活動………………………………………… 61
　3．教師の役割………………………………………………………… 66
第6章 発展活動……………………………………………………………… 68
第7章 評価の方法…………………………………………………………… 76

第3部 4技能別の「英語で授業を行う」ポイント………… 85

第8章 リスニングを中心とした指導案…………………………………… 86
　1．リスニングの過程………………………………………………… 86
　2．リスニングの指導………………………………………………… 87

第9章　リーディングを中心とした指導案……………………… 96
　　1．リーディングの過程………………………………………… 96
　　2．リーディングの目的………………………………………… 96
　　3．リーディング指導の3段階………………………………… 97
　　4．リーディングの指導案……………………………………… 101
第10章　スピーキングを中心とした指導案 …………………… 111
　　1．スピーキングの過程………………………………………… 111
　　2．スピーキングの目的………………………………………… 112
　　3．スピーキング指導の3段階………………………………… 112
　　4．スピーキングを中心とした指導案………………………… 118
第11章　ライティングを中心とした指導案 …………………… 127
　　1．ライティングの過程………………………………………… 127
　　2．ライティングの目的………………………………………… 128
　　3．ライティングの指導………………………………………… 129
第12章　中学校の指導案 ………………………………………… 144
　　1．中学1年生の授業指導案（can の導入）………………… 144
　　2．中学2年生の授業指導案（受け身）……………………… 156

第4部　授業を振り返る視点 ……………………………… 169

第13章　教師の振り返り ………………………………………… 170
第14章　教師のトレーニング …………………………………… 174
第15章　自律した学習者を育てる ……………………………… 179
　　1．学習内容をコントロールさせる…………………………… 179
　　2．学習ストラテジーを指導する……………………………… 180
　　3．ポートフォリオを活用する………………………………… 182
　　4．家庭学習のさせ方…………………………………………… 184

参考文献…………………………………………………………… 189
索引………………………………………………………………… 192
著者一覧…………………………………………………………… 195

英語で教える英語の授業
―― その進め方・考え方

第 1 部
「英語で授業」の考え方

第1章 「英語で授業」についての悩み

事例1　英語が苦手な生徒にも英語で授業をしなければいけないか

　S市のある高等学校。A教諭が教室から戻ってくるなりため息をついた。「少しでも教科書の内容がわかるようにと，穴埋め式の日本語訳プリントを作って持って行きました。空所には先に確認した単語の意味を入れるだけの簡単なものです。それなのに，居眠りする生徒が何人もいる始末です。」隣のB教諭が応じた。「日本語でさえ理解するのがやっとなのに，英語で授業なんて無理だよな。」C教諭も，我が意を得たりという顔をして続ける。「そもそも学習意欲の低い生徒には，日本語で説明しないと高校の英語なんて理解できませんよ。」

解説　MERRIERアプローチで英語のインプットを理解可能に

　サッカーがしたいという子どもに，ボールの蹴り方や止め方を口頭で解説するだけで，実際にボールを蹴らせなければ，どんなに意欲のある子どもでも，興味を失ってしまうことでしょう。英語を学ぶ生徒も同じです。彼らは英語をコミュニケーションの道具として使ってみたいのです。コミュニカティブ・アプローチでよく言われる，learning by doing という方針を取り入れることが，学習者の意欲を高める鍵だと言えます。

　明示的な文法解説や日本語訳だけの授業では，生徒の意欲向上にはつながらないのです。学習意欲が低い（ように見える）生徒は，大量のルール理解や暗記があまり得意ではありません。こうした生徒の動機付けに効果的なのは，英語に触れさせ，実際に使わせ，こうして勉強（練習）を続ければうまくなるのだ，と実感させること以外にないと思います。

　日本語による解説中心の授業から，英語使用を中心としたインプット，インテイク（インプットを取り込む練習），アウトプットのバランスが取れた授業に変更しましょう。教師が英語によるインプットを与えることが，生徒の学習意欲向上につながります。教師が英語使用者としてのモデルを見せることにより，生徒の心の中に，あのように英語を使ってみたい，と

いう気持ちが芽生えてきます。ただし，インプットは生徒にとって理解可能なものでなければいけません。

いかに教師が流暢に英語を話そうとも，それが生徒にとって理解不能なものであれば，生徒は意欲を失くしてしまいます。渡邉他（2013）では，インプットを理解可能にする手立てとして，MERRIERアプローチを提唱しています。表1にある単語の頭文字をとってMERRIERとしていますが，要するに絵やジェスチャー，話し方の工夫で，インプットをわかりやすくするという考え方です。学習意欲の低い生徒には，英語でのインプットなど理解不能だ，という考えから，英語だって工夫次第でわからせることができる，という考え方に切り替えましょう。

表1　MERRIERアプローチ（渡邉他，2013を一部改変）

Model or Mime	ジェスチャーや視覚的補助（絵，写真）を用いて話す。
Example	抽象的な内容は具体例を使ってわかりやすくする。
Redundancy	同じ内容を説明するのに，別のわかりやすい表現を使ったり，発想を変えたりして重ねて話す。
Repetition	大切な内容や文は繰り返しながら話す。
Interaction	発問などを通して，生徒とやりとりしながら話す。
Expansion	生徒の発話の誤りを言い直して伝えたり，より良い表現に変えて伝えたりする。
Reward	生徒の発話に対して積極的な評価を言葉で与える。

理解したインプットを使えるようにするには，ある程度の反復練習をして，しっかりと自分の中に取り込む必要があります。これがインテイクです。反復練習は無味乾燥なものになりがちですので，生徒が意欲を失わないように，目的を理解させ，時間を区切り，変化を付けて行うことです。

そして，十分にインテイクされた項目を使ったアウトプット活動を行いましょう。ペアワークやグループワークを通じて，生徒に英語を使わせます。生徒の習熟度に合わせて，活動のレベルを調整します。易しすぎず，難しすぎず，少し努力すればできるレベルが望ましいでしょう。次第に自由度をあげ，意味のあるやりとりを英語で行わせることが，生徒の意欲を高めることにつながっていきます。やらされているのではなく，自ら積極的に取り組み，何かを成し遂げることこそが，最高の動機付けなのです。

事例2　英語能力の格差にどう対処するのか

　2学期のある日。若手のA教諭が困った顔で授業から戻ってきた。「2組なんですけど，どうも授業に前向きな生徒とそうでない生徒がはっきりしてきちゃって，やりにくいんですよね。」「2組だけじゃないよ。夏休み明けて，どこのクラスもやる気が二極化してるよ」とベテランのC教諭。「意欲の格差がでると，そのうち学力差もどんどん広がりますよね。何か対策できないかなぁ」とB教諭。大きくうなずくA教諭とC教諭だったが，具体的な方策が思いつかず一同は考え込んでしまった。

解説　生徒に達成感を与えるような授業を

　高校での学習も進み，中だるみの学期になりやすい2学期では，クラス内に学習意欲や学力の差が顕在化しがちです。まず，生徒の学習意欲を喚起し，楽しく，そして達成感を感じられるような授業展開を心がけたいものです。泉（2012）は学習意欲のわかない理由を負の連鎖という表現で以下のように述べています。

> 授業や学習がおもしろくない。やる気がしない
> 　→やる気がしないからやらない
> 　→やらないからわからない
> 　→わからないから嫌いになり，ますます勉強しない
> 　→どうせやってもできないと諦めたり，英語が必要ないと開き直る

　この負の連鎖を正の連鎖に変える第一歩は，やはりおもしろい授業展開だと思います。しかし，学力差が著しいクラスの場合，上位層の生徒と下位層の生徒とでは，おもしろいと感じる内容にも差があることでしょう。そこで，次のような点に着目して授業や教材を見直してみましょう。

○教材や言語活動のレベル

　生徒のレベルに合った教科書を採択するのはなかなか難しいものです。もし，採択した教科書が難しい場合，本文を易しい英文にリライトしたりして，生徒が無理なく取り組めるよう工夫します。指導書には本文の要約文が掲載されていることもありますから，これを活用してもよいでしょう。

要約文でこれから読む英文の概要をあらかじめ与えておくと，難解な本文でも読み取りやすくなります。逆に教科書が易しすぎた場合，課題として本文を要約させたり，題材に関連する他の英文をプラスワンのテキストとして与えたりして，上位層が手応えを感じられる工夫をします。

　言語活動のレベルも同様です。教科書で与えられている言語活動をそのまま使うのではなく，教師側でアレンジを加えることが必要でしょう。クラス内に学力差がある場合，24ページの例のように教科書の言語活動に準備運動的な活動，さらに発展的な活動を加えて，生徒たちが段階を踏んで活動に取り組めるよう工夫をします。また，25ページの例のようにヒントの有無などで難易度を調整するのもよいでしょう。その際，難易度が高い問題にチャレンジした生徒には3ポイント，普通の問題の場合は2ポイント，易しい問題の場合なら1ポイントなどと，生徒に与えるポイントに差をつけるのもよいかと思います。

○支援的な雰囲気を演出する

　学習動機を高める基礎的な条件の1つに「楽しく支援的な教室の雰囲気（Dörnyei, 2001）」があります。そこで，クラスをいくつかのグループに分け，生徒同士で協力し合って行う言語活動を与えてみてはどうでしょう。その際，学級担任からクラス内の人間関係についての情報を得て，それをもとに教師側であらかじめグループを作成しておくと，より支援的で生徒たちがストレスを感じにくいグループ作りができます。互いに助け合いながら言語活動に取り組むことで，A教諭が悩む授業態度の二極化も改善できるかもしれません。

○達成感をすぐに感じられる声がけを行う

　英語が苦手，嫌いな生徒に達成感を感じさせることは容易なことではありません。やればできると生徒たちに気づかせる声がけやフィードバックを日常的に行いたいものです。たとえ，ほんのわずかな前進であったとしても，生徒が進歩を見せた瞬間，与えられた課題をこなせた瞬間を見逃さず，すかさず"Good Job!" "Well done!"などと声がけをしましょう。特に苦手意識を持って入学してきた生徒は，一度や二度ほめられたくらいではなかなか苦手意識を払拭できないものです。生徒たちの目が輝き始めるまで，根気よく声がけを行うようにしましょう。

事例3　日本語はどこまで使用していいのか

　Ｓ市の高等学校の職員室。授業から戻ってきたＢ教諭の表情がさえない。「授業を英語で始めると，20分もしないうちに生徒の目が泳いでいる気がします。のれんに腕押しです。」
　熟練のＡ教諭が答えた。「英語だけで授業をすると，15分で生徒の集中力が切れるのがわかる。教師も50分間も英語を話すのはつらいよ。」
　Ｃ教諭が言った。「集中力を切らさないために，英語と日本語のちゃんぽんで授業をしています。英語だけの活動，英語と日本語を使う活動，日本語の活動と３種類に分ければ，変化が出るのではないでしょうか。」
　Ｂ教諭が反論した。「英語の授業は英語でするのが基本でしょう。日本語を使ったことがばれたら，給料減らされちゃうよ。」Ａ教諭とＣ教諭は，思わず爆笑してしまった。

解説　授業の最終目標は英語の産出

　現在の英語の授業は，これまでの文法訳読式で知識を詰め込むことを中心とした授業から，学習した内容を実際に英語で自己表現することを最終目標とした授業に変革することを求められています。
　今までの訳読中心の授業を考えてみましょう。生徒は予習として新出語句の意味を調べ，本文の日本語訳を考えてきます。授業では，授業の方法によっても異なりますが，教師による本文の和訳と，文法や語句に関する説明が中心となります。この間生徒は，予習で調べてきた語句の意味や日本語訳が正しいかを確認します。最後に，教科書のCDや教師の範読の後に，音読して授業が終わります。このタイプの授業では，生徒は英文を読んで内容を正確に理解することが最終目標であり，学習した内容について英語で発信する機会はありません。
　では，どうしたら日本語による内容理解中心の授業から抜け出せるでしょうか。まず，少し易しめの教科書を選択することです。日本語を介さないと内容を理解できないような英文では，英語中心の授業が困難です。また，授業の最終目標を，生徒が英語で自己表現する活動に置いていますから，内容理解に充てる時間は，少しでも短縮するようにします。
　しかし，「英語を英語で教えること」は，日本語を使用することを完全

に禁止するものではありません。どこまで日本語を使用してよいかについて考えてみましょう。

　まず，日本語で説明する時間を短縮することです。50分の授業では，10分程度が目安になります。同時に，教科書本文のオーラル・イントロダクション，個人読み，自由読みなどの音読活動，新言語材料を使った表現練習など，生徒が英語を使った活動に充てる時間の割合を増やしましょう。特にオーラル・イントロダクションは，生徒にとってリスニングの活動そのものであり，その後の英語による自己表現の活動にも役立ちます。

　次に，日本語の使用は，日本語でしかできないことや，日本語の方が効率的なことに絞りましょう。例えば，新出語の意味を確認する場合，抽象名詞（たとえば spirit, belief など）や，日本文化に存在しない事象は，日本語で説明する方が効率的です。また，英文が長くて，構造が複雑なときは，部分的に日本語を使った方が，内容を理解しやすい場合があります。このような場合には，生徒が日本語訳の一字一句にこだわることがないように配慮しながら，文構造を理解させてください。

　最後に，その時間の授業の目標を明確にしましょう。具体的には，その時間の授業が，内容理解重視なのか，発信重視なのかを明確にして，計画を立てましょう。内容理解ばかりを重視した授業では，いつまでたっても，生徒が実際に英語で自分の意見を相手に伝えることはできません。教科書の題材によっては，内容理解を簡単に済ませて，発表活動に時間を確保することが必要です。

　教科書本文の内容理解や新言語材料を導入する方法として，プリントによる方法があります。例えば，教科書本文の和訳をあらかじめ配布しておき，概要について理解させてから，内容について英語でやりとりする授業もあります。また，新言語材料の解説をプリントに盛り込んでおいて，生徒に自分で学習させ，なるべく授業中に日本語を使わないようにする工夫が考えられます。

　以上のような授業展開で，日本語の使用を減らし，内容理解にかける時間を短縮しながら，生徒の意見を発信させる活動により多くの時間を確保しましょう。

事例4 英語で教えて受験英語に対応できるのか

　A教諭は，S市のある中堅の高等学校で，英語による英語の授業を長年行ってきた。今春，学力が県内でも1，2を争う進学校に異動することになり，新年度からの授業はどのように行うのかと尋ねたところ，英語科主任はこう答えた。「受験に対応できる英語力をつけることが，本校での英語授業の目的です。きちんと文法を教え，構文を解説し，和訳をさせます。従来のやり方を変える予定はありません。」進学校はやはり受験重視か，とA教諭の気持ちは重くなった。

解説 コミュニケーション能力を伸ばせば，受験も突破できる

　いわゆる「受験英語」とは，大学入試で出題される英語問題を意味します。今後，大学入試改革に伴う4技能試験化が目指されていますが，大学入試における英語の試験は，会話表現に関する出題はあるものの，いまだに書き言葉が大半です。読解問題の占める割合が依然として高く，理解した内容を日本語で説明させる形式が国公立大学において目立ちます。大学入試センター試験を除けば，リスニングを課している大学は一部に限られますし，スピーキングを導入している大学はほとんどありません。大学入試の目的はあくまで「選抜」であるため，時間とコストのかかるコミュニケーション能力の測定導入に，大学側は極めて消極的です。

　進学校の先生方が英語で行う授業に消極的なのは，「聞く，話す」活動を導入することで，「読む，書く」技能に関して従来の水準を保てない（＝受験に対応できない）と危惧しているからだと思われます。しかし，話し言葉を鍛えることは，書き言葉の向上につながります。言語の基本は話し言葉です。話し言葉は書き言葉と密接に関連しています。話し言葉では，常に相手の言うことを即座に理解し，反応することが求められます。聞いたり話したりを繰り返すことで，頭の中に蓄えた語彙項目や文法知識を即座に使えるよう，心内辞書（mental lexicon）へのアクセス・スピードが上がり，自動化が進みます。これが読んだり書いたりすることにも良い効果をもたらします。言い換えれば，「受験英語」に特化した授業は英語によるコミュニケーション能力をすぐに向上させるわけではないが，英語によるコミュニケーション能力を上げれば，英語の入試問題にも対応できるようになる可能性が高いということです。将来，生徒を自律した学習者に

するためにも，書き言葉に特化したいびつな指導より，4技能をバランスよく伸ばしたほうがいいのです。

　北海道旭川市に，全国の高等学校に先駆けてオールイングリッシュによる授業に取り組んできた学校があります。市内では学力的に2番手と考えられている進学校で，生徒のほとんどが大学に進学しています。2005年度より文科省の研究指定校となり，英語教員が協力して，それまでの文法訳読式の授業を英語による授業へと転換しました。その基本方針は以下の3点です。(1) 予習も含めて生徒に和訳をさせない。(2) 教師も和訳をしない。英語での平易な言い換え，発問によって内容を理解させる。(3) 文法に関しては予習プリントで扱い，授業中の説明を減らす。この3方針は，綿密に訳読をすることで生徒から意味を類推しようという能力，すなわち想像力を奪っていたとの反省に基づいています。相手が発するメッセージを細部まで完璧に理解しようとするのではなく，その意図するところを想像力で補いながら理解しようとする。これこそが本来のコミュニケーションのあり方だとの考えが根底にあるのです。

　指定事業が終了した現在も，この高校では基本的に英語の授業は英語で行われています。その結果，生徒の側にいくつかの肯定的な変化が見られました。リーディング能力は低下せず，ライティング能力に大きな向上がありました。さらに，リスニング能力にも向上が見られ，生徒の意欲も上がったのです。もちろんある1校の実践をすべての高校へ一般化できるわけではありません。しかし，この高校の実践は，英語で授業を行えば話し言葉だけでなく，書き言葉を扱う能力も向上することを示唆しています。

　進学校で教えられる先生方が，英語で授業を行った結果，学力低下が見られたので，従来の教え方に戻るというならまだ話はわかります。しかし，まだ実践する前にそうした危惧を抱いて変革に踏み込まないのであれば，大変残念な話と言わざるを得ません。英語はコミュニケーションの道具です。4技能をバランスよく育ててこそ，生徒はその道具の威力を感じ，積極的に学習に取り組むようになるのです。せっかく40名もの生徒が1つの教室に集まっているのですから，その時間はお互いが英語を使ってコミュニケーションを行う場としてみませんか。英語を使って授業を行うことで，教師の英語力も上がるし，生徒の意欲も高まります。英語による授業こそ，意欲も学力も高める好循環を生み出していくのです。

事例5　英語で教えた授業の評価はどうするのか

　S市のある高等学校で，若手の教員が嘆く。
　「英語で授業してもテストは共通問題で和訳が出る。せめて自分のクラスは別のテストにしてもらえないだろうか。」

解説　学習到達目標に即した評価を

　評価は指導目標が達成されたかどうかの判定ですから，指導した内容が習得されているかどうかを評価しなければなりません。1つの学年を複数の教師が担当する場合，教員間で年間の到達目標を設定し，それを学期ごと，単元ごとの目標に分割していきます。指導目標が同じであれば指導方法が違っていても共通の試験を用いることができます。学習指導要領では「2　内容」の中で4技能を等しく育成することを求めています。読むこと，書くことだけでなく，聞くこと，話すことについても教員間で指導目標を設定して評価することが求められます。例えば，学習指導要領が言語活動として挙げている「説明や物語などを読んで，情報や考えなどを理解したり，概要や要点をとらえたりする」ことができるようになったかどうかを判断する方法は，和訳だけではありません。True or False，多肢選択内容理解問題，クローズテスト（Cloze test），英問英答などさまざまな方法があります。したがって，ある指導方法を採用したクラスが有利・不利になるような問題は避ける必要があります。

　同じ学年で共通テストを行う場合には，まず教員間の話し合いにより，学習到達目標について合意する必要があります。学習指導要領は内容に4技能の習熟を挙げていますから，学習到達目標の設定では，4技能をどこまで伸ばそうとするのかについて話し合うことになります。そして，それぞれの技能について習熟が進んだかどうかの評価は，行った指導内容を身につけたかどうかではなく，学習到達目標が達成されたかどうかをみる評価を行います。「英文を読んで理解できる」という学習到達目標を設定したならば，学習した文章と同じような文章を初見で読めるようになっていなければ目標を達成したとは言えないでしょう。したがって，和訳する授業をしたので，同じ教科書の文を和訳でテストするのはよい方法とは言えません。

英語で授業をする場合，学習指導要領が挙げる4技能の熟達度を上げるようにすることが目標になり，それができるようになったかを評価します。「聞くこと」ならば，学習したトピックについて学習した文法事項や語彙を用いた新しい英文を聞かせて，その概要や要点をとらえることができるかどうかをテストします。ALTにそのような英文を書いてもらい，音読したものを録音しておくとよいでしょう。

　「英語でのやりとり」の評価には1学期に一度でもよいので，スピーキングテストを実施したいものです。"What is your favorite TV program?" "I like watching soccer games."のような英語の応答を毎回の授業で練習し，さらにそれを発展させる練習をします。スピーキングテストでは，その応答のいくつかを教師と1対1で1分間やりとりができるかをテストします。

　「書くこと」の評価は，教科書で学習した内容について，それがいかに興味深かったのかのような感想を海外のペンパルに英語で書くというような設定で，書く目的と読者を決めて書かせると実践的になります。

　3年間，1年間，各学期，それぞれ生徒が最終的にどのような言語能力を身につけてほしいのかという学習到達目標を教員間の話し合いで決めることが評価には欠かせません。

■事例6　言語活動のための時間をどのように確保するか

　「英語で授業をして，さらに言語活動を取り入れるとなると，どうしても授業時間が足りませんよね」と中堅のB教諭が言った。「コミュニケーション英語になってから，英文のレベルも上がったみたいだし，内容把握で手一杯だね。言語活動は無視しないと教科書が終わらないよ」とベテランのC教諭。「でも，ほんとにそれで良いのでしょうか？」教師1年目のA教諭はどうも腑に落ちないのだが，特に良い知恵も浮かばず，考え込んでしまった。

|解説|　授業内容の精選を
　学習指導要領にある通り，外国語科の目標はコミュニケーション能力を養うことです。この目標を達成するためには，言語活動を授業に取り入れることは不可欠と言えます。一方で，新出文法の指導やテキストの内容把握には時間がかかり，言語活動の時間が十分に確保できないという悩みを抱えている先生も多いことでしょう。そこで，言語活動を充実させる時間を作るために，文法の指導やテキストの内容把握をできるだけ効率良く行う必要があります。

○採択する教科書の見直し
　難解なテキストを「解読」するためだけに時間を費やしてしまっては，言語活動のための時間が確保できません。そこで小串（2011）は比較的平易なテキストを使用した教科書を使用することを勧めています。やや易しめの教科書であれば，英語での授業もよりスムーズに行えるようになり，言語活動の時間が確保しやすくなるでしょう。もしも採択した教科書のテキストでは簡単すぎるという場合には，巻末資料などで提示されている出典先の英文や，過年度に採択した教科書の類似の単元などを補助教材として使用することで，与える英文量を調節することも可能です。

○テキストの平易化
　文構造が難解なテキストを扱わなければならないようなときには，テキスト自体を平易なものに書き換えて，授業を行うことが考えられます。テキスト平易版の作成は，ALTなどネイティブ・スピーカーに協力を仰ぐ

と効率的です。教科書によっては指導書に本文要約が提供されているものもありますので，それらを活用してもよいでしょう。要約文を使った授業のあと，元のテキストに内容把握のための問題をつけたものを，宿題として配布してみてはどうでしょうか。平易版で大意をつかんだ後であれば，それほど抵抗なくテキストの理解ができることでしょう。

○精読する文章の精選

　教科書のテキストすべてを細部にわたり正確に読み取ることが果たして常に必要でしょうか。授業中に精読する個所はテキスト内の特に重要な部分だけに留めておき，残りの個所は大意がつかめていればよいという指導も考えられます。また，テキストの和訳を渡した授業展開も考えられるでしょう。ただし，和訳を安易に配布してしまっては，英文を読む楽しみを奪ってしまったり，授業に取り組む姿勢にマイナスの影響を与えてしまったりする可能性もありますから，注意が必要です。詳しくは「和訳先渡し授業の試み（金谷他，2004）」を参照するとよいでしょう。

○新出文法の指導をスリム化

　文法の指導には時間がかかるものです。特に英語を苦手とする生徒層が入学してくる学校ではなおさらでしょう。しかし，そのような生徒にこそ，文法指導や訳読式の授業に終始するのではなく，英語を使ったコミュニケーションの楽しさを感じられるような授業が必要なのではないでしょうか。説明を最小限に留められるような文法指導用ハンドアウトを作成すると，生徒の自学自習にも役立つ上に，時間の短縮にもつながります。また，指導するドリル形式の文法問題演習は宿題とし，教室内では教室内でしかできない活動（ペアワークやグループワーク）をなるべく多く取り入れるように心がけたいものです。

なぜ「授業は英語で行うことを基本とする」のか

1. コミュニケーション能力はどう育成されるか

　平成21 (2009) 年告示の高等学校学習指導要領では，英語のすべての科目で「授業は英語で行うことを基本とする」とされています。また文科省の発表では，次に改訂される学習指導要領では，中学校でもこの方針が採用されます。この言葉が大きく取り上げられ，英語の先生の中には，戸惑いを感じている方も多いことでしょう。なぜこの文言が学習指導要領に盛り込まれたのでしょうか。

　まず「コミュニケーション能力」はどのようにして培われるのか考えてみましょう。私たちは他人とのやりとりを通じてコミュニケーション能力を発達させます。赤ちゃんはお腹がすいたり，おしめが濡れたりして不快な状況を泣くことで周囲に伝えます。お母さんや周りの人は，泣き声に対応して赤ちゃんの要求をかなえてあげます。赤ちゃんは泣くことで自分の要求を満たしてもらえることを学びます。これはコミュニケーションの第1歩です。幼児になると大人が話しかけて，答えなければ，返事をしなさいと叱られます。逆に，子どもが誰かに話しかけて，答えてもらえなければ，答えてもらうまで，しつこく質問を繰り返すでしょう。私たちは，他人とやりとりすることによって，コミュニケーション能力を身につけていきます。

　それでは，英語教育では英語でコミュニケーションできる力を身につけさせているでしょうか。平成元 (1989) 年告示の高等学校学習指導要領では，英語によるコミュニケーション能力の育成を目標として掲げ，「オーラル・コミュニケーション」という科目が新設され，必修化されました。それ以来，英語によるコミュニケーション能力の育成は学習指導要領の目標の1つとなってきています。しかし，この目標は十分には達成されていないと考えるべきでしょう。

　なぜ達成できないのでしょうか。上で述べた母語での例のように，コミュニケーション能力は他人とのやりとりを通じて育成できるものです。

生徒は他人と英語でやりとりしなければ，英語のコミュニケーション能力を伸ばすことはできません。英語の授業で生徒が英語でやりとりできる相手は，教師か他の生徒です。教師と生徒，生徒と生徒の間で英語でやりとりする活動が授業の多くを占めるようにならないかぎり，生徒はコミュニケーション能力を発達させていくことはできないでしょう。文部科学省が平成27（2015）年度に公立高等学校・中等教育学校（調査対象3,409校）を対象に行った調査では，「コミュニケーション英語Ⅰ」の授業（回答者10,518人）で「発話をおおむね英語で行っている（75％程度以上～）」と「発話の半分以上を英語で行っている（50％程度以上～75％程度未満）」の2つの回答を合わせると，コミュニケーション英語Ⅰでは約50％の教師は，発話のほとんどあるいは半分以上を英語で行っていたことがわかります。しかしながら，約半数の教師は，発話を英語が行うことは半分以下です。「英語表現Ⅰ」（回答者数8,498人）では，発話のおおむねあるいは半分以上を英語で行っていた教師の割合は約40％です。これでは，生徒は英語で教師とやりとりする機会を十分与えられているとは言えません。これは，英語でのコミュニケーション能力が十分に育成できない原因の1つと考えられます。

　このように，教室で英語が用いられていない現状を踏まえて，英語が必然的に教室内でのコミュニケーションの手段となるように，「授業は英語で行うことを基本とする」という文言が盛り込まれたと考えられます。英語でやりとりをすることを通して，生徒は英語のコミュニケーション能力を身につけていく手がかりを持つことになります。

2．第二言語習得研究から英語での授業を考える

　次に第二言語習得研究の立場から，英語で授業を行うことを考えてみましょう。白井（2012）は，言語習得の本質としてインプット仮説（input hypothesis）と自動化理論（automation theory）を紹介しています。

　スティーブン・クラッシェンのインプット仮説は，第二言語（以下，L2）の学習者は，L2インプットを理解することにより，それに含まれている未習得の言語項目を習得することができるというものです。理解可能なインプット（comprehensible input）には，学習者の現在の習得段階より一歩進んだ言語項目が含まれていて，学習者はインプットを理解すること

によって，その新しい言語項目を習得できるとされます。白井は，インプットを受けるだけでは習得には至らず，言語を習得するためには，アウトプットする必要性が欠かせないと述べています。アウトプットする必要性とは，実際にアウトプットしなくても自分が言おうとすることを心の中で考えてリハーサルすることが必要だということです。実際に声に出して言わなくても，心の中でリハーサルすることでアウトプットできるようになり習得につながると考えます。

　学習者はアウトプットすることにより，誤りはフィードバックを受けて，修正する必要があることがわかります。このように意味あるコミュニケーション活動をさせた後で，学習者が間違えた言語形式に焦点を当てて指導するという考え方がフォーカス・オン・フォーム (Focus on Form) です (Long & Robinson, 1998)。松村 (2009) は，第二言語習得研究を概観した上で，L2指導は，学習者にL2を理解させるだけでなく産出させること，意味と形式の両方に注意を向けさせることの2点が重要であると述べています。意味に焦点を当てた活動を行った後で，学習者が間違える言語形式に焦点を当てるフォーカス・オン・フォームは1つの方法です。

　自動化理論は，明示的に獲得された知識が練習によって自動的に運用できるようになるという理論です。ピアノで新しい曲を弾き始めるときは，一音一音に注意して弾きます。それが，練習を積むうちに，指がひとりでに動いて弾けるようになるのは自動化理論の例です。第二言語習得にも規則として意識して覚えたものが，練習によって自然に会話で使えるようになったりする側面があります。

　第二言語習得研究から，学習者がL2を習得するためにはインプットとアウトプットの重要性が理解できます。白井 (2012) は特にインプットの重要性を強調し，教師が大量の英語のインプットを提供し，生徒には少量のアウトプットを求めることが望ましいと主張しています。英語による授業では，いかに多くのインプットに触れさせ，インタラクションやアウトプットさせる機会を多く与えるかが大切であることが示唆されます。しかし，インプットやインタラクションだけで第二言語を習得させるには，膨大な時間がかかります。週に3時間や4時間という限られた英語の授業時数を考えると，インプットやインタラクションだけで，英語を習得させようとするには無理があります。自動化理論の明示的に教えられた知識を

第2章　なぜ「授業は英語で行うことを基本とする」のか

練習によって自動化させていくという過程も重要です。この2つの言語習得の本質と英語授業での指導技術を村野井(2012)は図式化しています。それをもとにして，指導技術の部分を拡充したものが図1です。

＜導入＞＜理解＞はインプットを理解する過程です。ここは英語だけでも可能ですし，必要があれば日本語で明示的な説明をすることもできます。＜練習＞＜表現＞は，理解した言語材料を練習し，発表的に使用できるようにする過程です。アウトプットの実践や自動化理論の練習にあたる部分です。

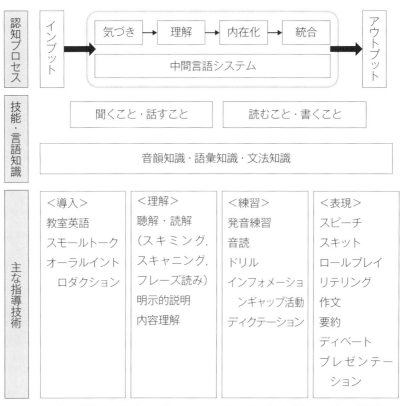

図1　第二言語習得の認知プロセスと英語知識・技能と指導技術の関係
　　（村野井，2012をもとに作図）

3.「英語で授業」を実行する

　この節では,「授業は英語で行うことを基本とする」を実行するためには, どのような授業を行っていけばよいかのガイドラインと英語でよい授業を行っているかどうかを振り返るチェックリストについて考えます。

　最初に, これまでの英語指導の問題点を考えてみましょう。次のような問題点が挙げられます。

①英語の音声インプットを聞き取らせ, 理解できるようにする指導がなされていない。
②英語の文字インプットを訳させて理解させることに授業時間の大半を費やしている。
③理解した英語を口頭で使えるようにする練習が十分でない。
④英語でインタラクションする, 機械的でなく意味ある状況の中で英語を産出させる練習を行っていない。

　コミュニケーション能力は, 他人とのやりとり(インタラクション)によって育成されるわけですから, 英語でインプットを与え, 英語を産出し, 他人とインタラクションする機会を十分与えていないという点が問題になります。特に, ②は問題で, ある単元の英文を生徒に理解させるだけで終わりにしてしまい, 次の単元に入るという教師が多いようです。これを村野井(2012)のモデルに当てはめると, ＜導入＞＜理解＞の部分で終わっていて, ＜練習＞＜表現＞というアウトプットさせることが行われていないことになります。生徒が英語でコミュニケーションできるようにするための指導では, 理解までの時間を減らし, 産出活動やインタラクションの機会を与える時間を増やすことが求められます。

　このような考えに基づいて, 英語で授業を行う際のガイドラインとして, 次のようなものが考えられます。

○1つの単元で学習する言語材料や題材内容を理解するだけでなく, 産出できるようにするための時間を確保する。
○教師の日本語の使用は, 50分の授業時間のうち10分程度に留める。
○生徒が英語を使用する時間は, 50分の授業時間のうち最低15分は確保する。

○生徒の英語使用は，音読やドリルのような練習だけでなく，スピーチやリテリングのような表現活動も含む。

　このモデルによると，教室英語，スモールトーク，オーラル・イントロダクションなどによって，インプットを与える。学習者はインプットを聞くことにより，新しい音韻知識・語彙知識・文法知識に気づく。さらに聴解や読解活動や明示的説明などにより，それを理解する。次に，音読，生徒にとって意味がある内容の文を練習させる有意味ドリル，発音練習などの練習により，新しい知識・技能を内在化させていく。そして，スピーチ，スキット，ロールプレイ，リテリング，作文，要約，ディベート，プレゼンテーションのような表現活動により，知識・技能を統合し，L2を産出できるようになるというものです。

　このモデルでは，インプットを与えること，アウトプットさせることは読み取れますが，インタラクションさせることは明示されていません。オーラル・イントロダクションやインフォメーションギャップ活動で教師と生徒，生徒と生徒のインタラクションが行われるものと考えられます。

　これまでの授業の問題点を解決し，生徒が英語でコミュニケーション能力を育成するために，英語で行う英語の授業は次のような活動を盛り込む必要があるでしょう。

挨拶・ウォームアップ
　目標：音声のインプット，インタラクション，アウトプット
　活動：スモールトーク，帯活動，1分間スピーチなど
復習
　目標：インタラクション，アウトプット
　活動：音読，ディクテーション，リテリング，プレゼンテーションなど
導入・提示
　目標：インプット，インタラクション
　活動：オーラル・イントロダクションなど
練習
　目標：インタラクション，アウトプット
　活動：ドリル，ペアワーク，インフォメーションギャップ活動，スキッ

　　　　トなど
展開
　　目標：インタラクション，アウトプット
　　活動：タスク，リテリング，プレゼンテーション，ロールプレイなど

　このような授業構成で口頭のインプットを大量に与え，インタラクションやアウトプットの機会を与えることで，生徒は英語のコミュニケーション能力を発達させていくことが期待できます。
　最後に，このようなガイドラインに基づいて英語の授業を行った場合，それがよい授業であったかどうかを振り返るチェックリストを挙げます。

　　☒ 授業の目標は明確で，達成できた。
　　☒ 授業の構成要素となる活動は明確だった。
　　☒ 個々の活動の目標は達成できた。
　　☒ 個々の活動は互いに効果的に結びついていた。
　　☒ 教師の発話は大部分が英語であった。
　　☒ 生徒は教師の英語の指示・説明を理解し，活動に取り組めた。
　　☒ 生徒は15分以上英語を使用した。
　　☒ すべての生徒が英語で発言する機会があった。

第 2 部

「英語で授業」の構成要素

第3章 ウォームアップ

１．ウォームアップ活動の目的と実践

　授業の最初に行うウォームアップ活動の目的は，生徒の英語学習への意欲を喚起することです。教師がいかに理解可能なインプットを英語で与えても，生徒の心理的な抵抗感が強いと，そのインプットは吸収されにくくなります（Krashen, 1982）。英語授業の冒頭では，生徒をそれまでの日本語モードから英語モードへと切り替える必要があります。生徒の「英語を使ってみたい」という意欲を刺激するような活動を取り入れましょう。それには，まず教師が英語を使って生徒に語りかけることが大切です。日本語で「はい，98ページを開いて」と指示するような授業の入り方は避けたいものです。以下，簡単に行えるウォームアップ活動をいくつか取り上げます。

１）身近な話題についてのスモールトーク

　まず教師が身の回りの話題について，簡単な英語で話をします。話題は何でもよいのです。最近気になっていること，はやりのこと，ニュースに関すること，小さな体験談，映画やテレビ番組の感想などです。生徒の反応を見ながら，理解可能なインプットの範囲で話を進めます。その後，"What do you think?" や "How about you?" などと生徒に質問を与え，ペアで１分程度話し合わせます。その後何人かを指名して意見を言わせます。

［例］　Yesterday a friend of mine in Hokkaido sent me some fresh salmon. It tasted really great! Eating delicious food always makes me happy as well as playing soccer and reading books. How about you? What makes you happy? Now talk in pairs. Tell your partner about three things that make you happy. You have one minute. Please begin.

2）3ヒントクイズ

　大修館書店 *Genius English Communication I Revised(Genius I)* の L7 "Mother of Women's *Judo*" は，女子柔道がオリンピックの正式種目になるために大きく貢献したアメリカ人柔道家，**Rusty Okonogi** の話です。これを3ヒントクイズという手法を取り入れたスモールトークで導入します。3ヒントクイズは，教師が頭の中に思い浮かべた単語が何であるかを，3つのヒントから推測させるクイズです。

T：Good morning, everybody. I've been gaining weight these days. I need some exercise. What exercise do you recommend?

S：Walking!

S：Swimming!

T：Thank you. These sound good! I really feel like enjoying some sports. Speaking of sports, I have some quizzes about this topic. Do you want to try them?

S：Yes.

T：OK. These are called "3-hint quizzes." I have the name of one sport in my mind. Try to guess what the sport is. Listen to the three hints about it I'm going to give you. Let's begin Quiz 1.

　Hint 1：It is a team sport.

　Hint 2：You need a ball.

　Hint 3：You cannot touch the ball with your hand but you can kick it.

S：Soccer!

T：Great! Now, Quiz 2.

　Hint 1：You have to take off your shoes in this sport.

　Hint 2：You have to fight with another person.

　Hint 3：This sport originated in Japan.

S：*Judo*!

T：Wonderful! Today we are going to read a story about one great woman. She worked hard for women's *judo* to be an Olympic sport. Do you think she is Japanese?

S：Yes.

T：Actually, no. Let's read the story and find what she was like.

3）ビンゴ

　中学校では広く行われている単語のビンゴですが，高校でも十分に活用できます。長く支持されているものに，長（1997）で紹介されたビンゴがあります（図1）。実施方法は以下のとおりです。

① ビンゴシートのB欄に，下にあるBの語群より好きな5つの語を各生徒に選ばせて記入させておきます。以下同じようにしてI欄からO欄まで記入させておきます。N欄だけは4語記入することになります。宿題として，授業開始前までに各自に記入させておくとよいでしょう。
② 生徒の準備ができたら，教師は「B ... father, father　I ... car, car　N ... today, today　G ... fine, fine　O ... call, call」と，各行からランダムに単語を選んで2回ずつ読み上げます。後で重複して読み上げないように，読み上げた単語は線を引いて消しておきます。
③ 生徒は，自分の用紙に読み上げられた単語があれば，その単語を○で囲んでいきます。表の縦，横，斜め12本のうち5個の○の線が5本できたら，"BINGO"と叫んで手をあげます。
④ ビンゴが完成する生徒の数がある程度になるまでゲームを続けます。

	LET'S ENJOY "BINGO"			
B				
I				
N			FREE	
G				
O				

B：friend　mother　father　sister　brother　evening　night
I：dad　mom　class　tennis　car　shop　dinner　bus
N：birthday　Japanese　today　tomorrow　food　all　good　many
G：Miss　Ms.　Mrs.　Mr.　fine　happy　sometimes　usually
O：call　study　cook　or　and　after　for　on

図1　ビンゴシート（長，1997）

［英語での指示例］
　Now, let's enjoy BINGO! Are you ready? I'm going to pick up one word

from each line and read it aloud. If you find the word, please circle it like this.（丸で単語を囲んで見せる）If you have five circles like this, please draw a line.（線を引いて見せる）When you have five lines, please say, "BINGO" and raise your hand.

　語彙学習には反復が欠かせません。新出の単語だけでなく，以前学習した単語も含めて繰り返し書いたり聞いたりすることで，生徒の語彙知識を深めていくことができます。選択肢を動詞だけにして，過去形に変えて記入させたり，名詞の単数形を複数形にして記入させたりなど，いろいろなバリエーションが考えられます。生徒のレベルに応じて工夫してください。

4）歌
　歌は生徒の興味を引くのに抜群の効果があります。また，メロディーとともに覚えた語句はなかなか忘れないものです。「今月の歌」と称して，授業の冒頭に同じ英語の曲を少しずつ練習するのもよいでしょう。
　歌詞と訳を載せたハンドアウトを配布し，パートごとに練習をさせます。継続して全部歌えるようになったら，また次の曲を選びます。曲は歌詞がはっきりと発音されていて，聞き取りやすいものがよいでしょう。最初にディクテーションを行うこともできます。また，授業開始前に教室に行って，BGMとして曲を流しておくと，スムーズに授業に移行できます。

5）チャンツやスピーチ
　ジャズ・チャンツやマザーグースの一節を持ってきて，リズムにのって言わせてみます。また，キング牧師やリンカーンの演説，チャップリンの映画『独裁者』の最後の演説の一節を取り出して，みんなで暗唱するのもよいでしょう。

6）定義クイズ
　前回学んだ語彙の復習を目的とした活動です。まず語彙リストやフラッシュカードなどを使って，全員で前回学んだ単語の復習をします。それから，教師がその単語の定義やその単語を含む例文を生徒に言って聞かせ，その単語が何であるかを当てさせます。もちろん，小テストという形での

実施も可能です。

[例] It is a place where sick people are treated.　　(Answer: a hospital)
It is a meat-eating animal that lives in Africa. It is called the king of beasts.　　　　　　　　　　　　　　　　　　　(Answer: a lion)

7）言い換え

　これから読むパッセージ中のキーワードとなる単語を，生徒に英語で言い換え，つまりパラフレーズさせる活動です。まず生徒をペアにし，そのうちの1人だけが黒板を見て，もう1人は目をつぶるように指示します。次に教師が教科書本文からキーワードとなる単語をいくつか選び，黒板に書きます。その単語を言わずに，英語で相手に説明するよう指示します。ジェスチャーは禁止です。生徒を全員立たせ，説明を始めさせます。相手が黒板に書いた単語をすべて言えたら，座らせます。役割を交替してもう一度行います。

　慣れないうちは，関連する単語 (soccer に対して，11 players, ball, goalkeeper など) や具体例 (pet に対して dog, cat など) を挙げるだけでも可とします。そのうち，"It's a sport." や "It's a tool you use when you cut some paper." など，カテゴリーを言ったり，関係詞節を使った説明などの方略を指導していくとよいでしょう。成功したペアから，どのように説明したかを発表してもらうのも効果的です。うまくいかない時は，英英辞典を引かせて，どのような定義が載っているかを参考にさせます。

［英語での指示例］

　Now work in pairs. Do *janken* with your partner. Only the winners can look at the blackboard. The losers close their eyes. I'm going to write down two words from the passage. The winners memorize the words on the board and explain them without saying the words themselves. Everybody has to stand up before starting the activity. If your partner guesses the two words correctly, you can both sit down.

8）動詞バトル

　中学校でいろいろな不規則動詞の変化を学習しますが，それを発表語彙

として使えない高校生はたくさんいます。動詞バトルは不規則動詞を使えるようにするためのドリルです。以下のように行います。
① 中学生用の教科書巻末にある「不規則動詞変化表」をコピーして，生徒に配布します。
② 生徒をペアにし，ジャンケンをさせます。
③ ジャンケンで勝った生徒は，表からランダムに動詞を選び，その原形を読み上げます。［例］sing
③ ジャンケンに負けた生徒は，表を見ずに聞いた動詞を原形（現在形），過去形，過去分詞形の順に変化させて言います。例 sing-sang-sung
④ 1分たったら，役割を交替して同じように行います。どちらが多く言えたかを競わせます。
　バリエーションとして，現在形，過去形，過去分詞形の後に現在分詞形を言わせてもよいでしょう。また，形容詞の原級，比較級，最上級でも同様のことができます。

［英語での指示例］
　Now let's play Verb Battle! Do you have the Verb Table? Work in pairs and do *janken* with your partner. Only the winners can look at the table. The winners pick up a verb from the table and read it aloud. The losers listen and then repeat the verb and give its past form and past participle. For example, if your partner says, "eat," you will say, "eat, ate, eaten." You continue this activity for one minute. Please begin!

9）変換ドリル
　既習の文法事項を用いて，「肯定文から否定文」もしくは「肯定文から疑問文」へどんどん変換させるドリルです。以下のように行います。
① 最近学んだ文法事項を含む例文を10文程度と，その否定文（もしくは疑問文）を載せたプリントを作成しておきます。
② 生徒をペアにし，ジャンケンをさせます。
③ ジャンケンで勝った生徒は，ランダムに選んだ肯定文を読み上げます。
④ ジャンケンに負けた生徒は，表を見ずに聞いた文を否定文（疑問文）に言い換えます。

⑤ 1分たったら，役割を交替して同じように行います。

ドリル：肯定文から否定文へ		
1	I want to talk about my hometown.	I don't want to talk about my hometown.
2	His dream is to be a professional soccer player.	His dream is not to be a professional soccer player.
3	My mother asked me to help her cook dinner.	My mother didn't ask me to help her cook dinner.
4	…	…

図2　変換ドリルシート

[英語での指示例]

Do you have a copy of the worksheet? Work in pairs and do *janken* with your partner. Only the winners can look at the sheet. The winner in each pair picks up one sentence from the sheet and reads it aloud. The loser listens and changes the sentence into negative. For instance, if your partner says, "I like cats", you will say, "I don't like cats." See? Let's get started!

10) 付け足しＱ＆Ａ（本多，2013）

　ある質問に対して，1文で答えて終わりではなく，必ず付加的な情報を加えて2文で答えさせる活動です。英語で会話をするとき，語句や短文での応答を繰り返していると話は続きません。これは話を続けるための訓練です。"Do you like music?" と聞かれたら "Yes, I do." で終わるのではなく，"I like J-pop." などと具体的情報などを付け加えさせ，2文で答えるようにさせます。以下はやり方の例です。
① 英語の質問とその答えが載っているワークシートを生徒に配布します。
② 生徒をペアにし，1人がワークシートを見ながら質問をしていき，もう1人がワークシートを見ないで2文で答えていきます。
③ 指定した質問と応答を終えたら，役割を交替します。
　一度や二度では生徒もすらすらと付加的情報を付け加えられるようには

なりません。本多（2013）では，同じ質問に答える機会を数回与えることを勧めています。例えば，1回目はワークシートの1から5までの質問を行い，2回目はパートナーを替えて3から7を，3回目はさらに違うパートナーと5から10までを行う，という具合です。

	Question	Answer
1	Did you get up early this morning?	Yes, I did. / No, I didn't
2	What are you going to do this weekend?	I'm going to ...
3	Which do you like better, dogs or cats?	I like ...
4	...	...

図3　付け足しQ＆A

［英語での指示例］
　You should all have a question sheet. Do *janken* with your partner. Only the winners can look at the sheet. The winner in each pair asks the questions and the loser answers them. When you answer a question, don't finish the conversation just by saying the answer. After saying the answer, please add some new information. For example, if you are asked, "Did you get up early this morning?" you can say, "Yes I did." But don't stop there. Say something new such as, "I got up at six this morning." or "After that I took a walk." OK? Now let's start!

11）即興 True-or-False Questions（TF クエスチョン）
　前回の授業で読んだ内容を使った復習活動です。ペアの1人にその場でTFクエスチョンを作らせ，パートナーに出題させます。
① 生徒をペアにし，出題する方は教科書を見るように，答える方は教科書を閉じるように指示します。
② 出題する方は，教科書から文を選んでそのまま読み上げたり（True），一部を変えて（False）読み上げたりします。
③ 答える方は正しい内容ならTrue，間違っていればFalseと答えます。
④ 一定時間が経過したら，役割を交替します。
　ペアワークが終了した後で，1人を指名し，残りの生徒には教科書を

閉じさせます。その生徒に全員に対して問いを出させてもよいでしょう。

［英語での指示例］
　It's time for true-or-false questions about the passage we've just read! Work in pairs and do *janken* with your partner. Only the winners can look at the passage, while the losers must close the textbook. Now the winners pick up one sentence from the passage and read it aloud to their partner. The losers listen and say, "True" if the sentence is exactly the same as in the passage. If the winners change any part of the sentence, the losers say, "False." Do this activity for one minute and then switch roles. Please begin.

12）合わせて True or False
① 前回読んだ内容に対する TF クエスチョンを教師が作成しておきます。次ページの図4のように、各文を2つに分割した2種類のワークシートをA，Bを作成します。
② 生徒をペアにし、それぞれ異なるシートを渡します。お互いシートは見せないようにと指示します。
③ 文の番号にXがついている生徒から先に読み上げ、次に続く部分をもう1人が読み上げます。下のシートの1を例にとると、1Xとなっている Sheet A の生徒がまず "Aya and her brother Ryota" と読み上げ、次に Sheet B の生徒が "lived in Yamanashi Prefecture." と続けて読み上げます。
④ 全文が確認できたら、本文の内容に合っているかどうかを2人で確認して、合っていればT、間違っていればFを、それぞれのシートの（　）に書き込んでいきます。下の1であれば全文は "Aya and her brother lived in Yamanashi Prefecture." となりますが、教科書本文では "Aya and her brother Ryota lived in Yamakoshi Village, Niigata Prefecture ..." となっているので、この場合はFと書き込めば正解です。

第3章　ウォームアップ

Sheet A	Sheet B
1. X Aya and her brother Ryota ... (　)	1. ... lived in Yamanashi Prefecture. (　)
2. the cat they found. (　)	2. X Aya wanted to keep ... (　)
3. X Their father allowed them ... (　)	3. to keep the dog. (　)

図4　合わせて True or False

[英語での指示例]

One person in each pair has Sheet A and the other has Sheet B. You must not let your partner see your sheet. You have half of a sentence in each box, and your partner has the other half. Read them aloud and match the two parts to make a perfect sentence. The person who has the part with X reads that aloud first and the other one reads the rest of the sentence. Then decide whether the sentence is true or false. If it's true, write down T in the blank and if it's false, write down F in the blank. Please begin.

2．効果的なウォームアップ活動の特徴

効果的なウォームアップ活動には，以下のような特徴があります。

① 楽しいこと。楽しさこそが意欲をかきたてる源泉です。ビンゴのように，たとえルーティン化しても，毎回新鮮な気持ちで取り組める活動なら申し分ありません。

② 短時間でできること。意欲をかきたてるための導入部分です。楽しくても長くなりすぎないようにしましょう。

③ 生徒全員が主体的に取り組めること。一部の生徒だけが発言するような活動より，ペアワークなど全員が積極的に関わることのできる活動がいいでしょう。

④ 準備が楽であること。毎回短時間で行う活動ですから，準備の負担が軽い活動が望ましいと思います。楽しいウォームアップ活動を通じて，生徒の英語を使おうという意欲を高めましょう。

第4章 新教材の提示・説明・練習

1．文法項目を扱う指導・1

ここでは授業で新文法項目を英語で提示・説明・練習する方法を考えます。取り上げる教材は2種類あります。1つはその単元で扱われる語彙や文法などの言語材料です。もう1つは，その単元の本文の内容です。

まず文法の新教材の提示の例として，大修館書店 *Compass English Communication I Revised(Compass I)* の Lesson 6 "Blue Skies" の Part 1の「疑問詞＋to 不定詞」を考えてみます。

1）提示（導入）：オーラル・イントロダクションによる文法項目の提示
　　（「疑問詞＋to 不定詞」I didn't know what to do.）

文法項目を英語で提示して理解させるには，一般的に4つのステップを踏みます。

　　ステップ1　実物やイラストを見せて場面設定
　　ステップ2　既習の英語で場面説明
　　ステップ3　目標項目の導入・口頭練習
　　ステップ4　例文を板書

ステップ1では「疑問詞＋to 不定詞」を使う，生徒が理解しやすい場面をイラストや写真で設定して，そのイラストについて英語で説明したり質問したりして場面を理解させます。ステップ2では目標となる文法項目と同じような意味になる英文を既習の文法項目を使って提示します。生徒がそれを理解した後に，その文を口頭でリピートさせます。ステップ3では，リピートさせた文の一部を目標とする文法項目に置き換えて聞かせます。それが前の文と同じことを言っているのだと示してから，その文をリピートさせます。

同じように，第2，第3のイラストについて同じ文法項目に関する異なる例文を提示していきます。

第4章　新教材の提示・説明・練習

　ステップ４ではまとめとして，リピートさせた３つの例文を板書します。最初の文についてのみ，意味を教えます。第２，第３の例文については，生徒にどういう意味かを言わせて，新しい文法項目が正しく理解されているかどうかを確認します。このようにして，新しい文法事項は，４つのステップを踏んで，英語で提示し，理解させることができます。

［提示例１］

T：＜ステップ１・２＞（コンビニの制服を着ている男子のイラストを見せて）
　　This is Kenta. He is starting a part-time job, バイト, at a convenience store. This is his first day at the store. Does he know his job well?

S：No.

T：That's right. He doesn't know his job well. So his boss tells him about his job. His boss tells him what he should do. Now does he know his job better?

S：Yes.

T：Yes, Kenta knows his job better. He knows what he should do. Repeat. He knows what he should do.

Ss：He knows what he should do.

T：Very good. ＜ステップ３＞ He knows what to do at the convenience store. He knows what to do. Now repeat.

Ss：He knows what to do.

T：Very good.

［提示例２］

T：＜ステップ１・２＞（コンビニで学生服を着ている男子のイラストを見せて）
　　This is Takuma. He is starting a part-time job at the convenience store too. This is his first day. Is he wearing the convenience store uniform?

S：No.

35

T : That's right. He is wearing his school uniform. So his boss tells him what he should wear at the store. Now repeat. He doesn't know what he should wear.
Ss : He doesn't know what he should wear.
T : Good. Now Repeat. ＜ステップ3＞ He doesn't know <u>what to wear</u> at the store.
Ss : He doesn't know <u>what to wear</u> at the store.
T : Very good.

［提示例３］
T :＜ステップ１・２＞（コンビニに遅れてきた女子のイラストを見せて）

This is Ayaka. She is starting a part-time job at the convenience store too. This is her first day. But she didn't know when she should come to the store. Now repeat. She didn't know when she should come to the store.
Ss : She didn't know when she should come to the store.
T : Good. ＜ステップ3＞ She didn't know <u>when to come</u> to the store.
S : She didn't know <u>when to come</u> to the store.
T : Very good. ＜ステップ4＞ Now I'm going to write three key sentences. Please copy them.

２）説明・理解：ハンドアウトの利用
　このように導入された新文法事項「疑問詞＋ to 不定詞」（I didn't know what to do.）について説明する方法を考えてみます。
　新しい文法事項の形式と意味はオーラル・イントロダクションで生徒は感じがつかめるでしょう。説明は，その感じを理解した知識として記憶できるものにすることを目的にします。次のようなプリントを作り，配れば，説明の時間を短くすることができます。

> Kenta didn't know what to do at the store.
>   what to wear
>   when to start
>
> これらの文では「疑問詞＋to 不定詞」が使われています。
>
> 疑問詞 { what（なにを） / when（いつ） / where（どこで） / how（どういうふうに） } ＋ to 不定詞（〜する）
>
> 　疑問詞＋to 不定詞は「なに（いつ，どこで，どういうふうに）〜するか」という意味で，名詞句を作ります。この名詞句は，文の主語，目的語，補語などになります。

　文法項目の説明は，英語で行う必要はありません。しかし，日本語で細かく詳しく説明する必要もありません。大切なことは，新しい文法項目がどのような意味を持ち，どのような状況で使われるかを場面や例文を通じて理解させることです。

3）定着・練習

　ここでは提示・説明された新出事項「疑問詞＋to 不定詞」（I didn't know what to do.）を英語で練習し，定着させる方法を考えます。導入された事項は，すでにその形式と意味はわかっているので，練習の目的は，意味を表したいときにその形式を適切な場面で産出できるようにすることです。これは以下の2つのステップを経て達成を図ります。

　ステップ1　意味を表すために形式を産出する練習
　ステップ2　意味を表すのに適切な場面で形式を産出する練習

　例えば，「ペンを持っていますか」という意味を表すのに，Do you have a pen? という形式を産出する練習は，ステップ1になります。しかし，この文は場面によってその働きが異なります。例えば，AさんがBさんに書類にサインをしてもらいたい場面でAさんがこの文を言ったとすると，Aさんが意図することは，「もしBさんがペンを持っていなければペンを貸しますよ」という申し出です。逆に，同じ文をBさんが言っ

たとしたら,「自分はペンを持っていないので, ペンを貸してください」という依頼が意図されています。ステップ2では, ある意味を表すために適切な場面で形式を産出する練習をすることを目的とします。

ステップ1 意味を表すために形式を産出する練習

　ステップ1では, 意味を表すためにある言語形式を使った文をよどみなく繰り返し言えるようにする練習をします。そのために, 導入した例文をもとに新出事項を言わせ, その言語形式を別の意味を表す際にも即座に言えるように繰り返します。全員でリピートさせた後に個人に当て, 1人ひとりが言えるようになっているかを確認します。

　練習は新出事項の提示(オーラル・イントロダクション)に引き続き練習に入る場合とそうでない場合がありますが, どちらにしても導入で利用した例文を活用します。次の2文を板書します。

Kenta didn't know <u>what he should do</u> at the convenience store.
Kenta didn't know <u>what to do</u> at the convenience store.

T : The two sentences have almost the same meaning. (次の文を見せて)

Kenta didn't know what he should do in his new baseball team.

T : Can you say this sentence using the second structure?
Ss : Kenta didn't know <u>what to do</u> in his new baseball team.
T : Very good. Repeat once again, everybody.
Ss : Kenta didn't know <u>what to do</u> in his new baseball team.
T : This line please. (ある列の生徒1人ひとりに言わせる)
　　(次の文を見せて)

Kenta didn't know when he should start baseball practice.

T : Can you say this sentence using the second structure?
Ss : Kenta didn't know <u>when to start</u> baseball practice.
T : Exactly. Repeat once again, everybody.
　　以下同様に, 次の文についても生徒に言わせる。

Kenta didn't know what he should ask the coach about practice.

このように意味を表すために，新しい言語形式を言う練習をします。大切なことは，全員で言わせた後に，1人ひとりに言わせて，誰もが正しく言えるかどうかをチェックすることです。何人も間違えるようならば，全員でさらに繰り返し練習する必要があるでしょう。新しい言語形式を含んだ文を正しく言えるようになった後にステップ2に移ります。

ステップ2 意味を表すのに適切な場面で形式を産出する練習

　ステップ2の目的は，すらすら言えるようになった新しい言語形式を意味的に適切な場面で産出できるようにすることです。ステップ1で練習した文を，場面にふさわしい形に変えて使う練習をします。

T：（ケンタのイラストを見せて）Kenta is a new member of the baseball team. He doesn't know anything about his team.（タツヤのイラストを見せて）Tatsuya is a senior student in Kenta's team. He knows everything about the baseball team.（ケンタとタツヤのイラストを見せて）Kenta asks Tatsuya about <u>what to do</u> in the baseball team. What will he say to Tatsuya?
Ss：Can you tell me <u>what to do</u> in the baseball team?
T：Very good. Repeat it, everybody.
Ss：Can you tell me <u>what to do</u> in the baseball team?
　　This line please.（ある列の生徒1人ひとりに言わせる）
T：Kenta doesn't know <u>when to start</u> baseball practice. So he asks Tatsuya about <u>when to start</u> baseball practice. What will he say to Tatsuya?
Class：Can you tell me <u>when to start</u> baseball practice?
同様に Kenta doesn't know <u>how to improve</u> his batting. So he asks Tatsuya about <u>how to improve</u> his batting. What will he say to Tatsuya? については生徒にどう言うかを考えさせて言わせる。

　このようにステップ1では，意味と言語形式を結びつけて，すばやく産出する練習を，ステップ2では，意味を表す言語形式を適切な場面で産出する練習を行います。ここでは口頭練習のみを取り上げましたが，書いて定着させる練習も効果的です。口頭練習した場面を次のようなハンドアウトにして，生徒1人ひとりに書かせる練習が考えられます。

次の状況でケンタがタツヤに言う言葉を書いてみましょう。
1）ケンタは野球部の新入部員です。何をしたらよいかわかりません。タツヤに何と言って聞いたらよいでしょうか。
　　_____

2）ケンタはいつ練習を始めたらよいかわかりません。タツヤに何と言って聞いたらよいでしょうか。
　　_____

3）ケンタはどのようにしたらバッティングがうまくなるのかわかりません。タツヤに何と言って聞いたらよいでしょうか。
　　_____

2．文法項目を扱う指導・2

　ここでは，仮定法過去完了を *Genius I* の Lesson 10 "Life in a Jar" の Part 2 で導入する方法を紹介します。

　この教科書では，Lesson 8 で仮定法過去が導入されます。新出の文法事項を，テキストで使用されている文と既習事項とを対比しながら導入するのが簡便です。しかし，仮定法は，日本語にない概念で理解が難しいので，身近な話題を利用して，段階的に仮定法過去完了を導入します。

1）提示（導入）

　生徒の中には，if があると仮定法と考えてしまいがちな者もいます。仮定法は，現在や過去の事実と反対のことを仮想する表現である点に留意させます。条件を表す if 文とは異なり，仮定法過去（現在の事実に反する仮定），仮定法過去完了（過去の事実に反する仮定）の文型の特徴に気づかせるために，日本語も使いながら説明します。

ステップ1　条件を表す if 文と仮定法過去の復習

　すでに学習済みの条件を表す if 文と仮定法過去の違いを再確認します。文法事項の説明が難しい場合は日本語で確認します。
T : I couldn't find my watch this morning. I might have left it somewhere in my house. So I asked my mother,"Have you seen my

watch?" She said, "No. I'll clean the house today. If I ..., I'll tell ...."
What did the mother say in this context?

S1：If I find it, I'll tell you.

T：Exactly. Repeat class. If I find it, I'll tell you.

Ss：(Repeat)

T：When I left my house for school, I saw my neighbor on the street. I said to him, "Today is not my lucky day. I might have lost my watch. I couldn't find it anywhere. Maybe I dropped it on the street." Then my neighbor said, "I'm not sure if I can help you. But if I found ... on the street, I would ...."

S2：If I found your watch on the street, I would tell you.

T：That's good. Repeat, class.

Ss：(Repeat)

ステップ2 仮定法過去の練習

復習した文を板書して再確認します。

［板書事項］

> 条件を表す if 文（もし〜なら，…でしょう）
> 　If I find it, I'll tell you.
> 　　If S + 現在，S + will + 原形 ...

T：Look at the blackboard. In this first sentence, the speaker feels there is a real possibility that he will find the watch.

［板書事項］

> 仮定法過去（もし〜なら，…だろうに）
> 　If I found it on the street, I would tell you.
> 　　If S + 過去 ..., S + would / could + 原形 ...

T：On the other hand, in the second sentence, the speaker doesn't believe there is a real possibility of finding the watch. She is imagining the situation and doesn't believe this will happen.

T：Are you now sure about if 付き条件文 and 仮定法？
S3：I believe so.

ステップ３ 仮定法過去完了の場面説明（本時の新言語材料）

　本時の新出文法事項である仮定法過去完了を導入します。条件を表す if 文や仮定法過去との違いに留意させます。

T：I have to tell you one thing. I thought I had lost my watch.
　　Actually, when I came to school, I found my watch on my desk. I didn't lose my watch. That's the end of the story. However, something even more serious happened.
Ss：What was that?
T：Yesterday I went to a wind orchestra concert. My friend played the saxophone in the concert. But unfortunately, I was not in time for the opening of the concert. Do you know why?
S4：I have no idea.
T：I left my house late and missed the bus to the hall.
　　As I did not catch the bus, I was not in time for the concert.
　　If I had caught the bus, I would have been in time for the concert.
　　Class, repeat. If I had caught the bus, I would have been in time for the concert.
Ss：(Repeat).

[板書事項]

> As I didn't catch the bus, I was not in time for the concert.
> ⇒ If I had caught the bus, I would have been in time for the concert.
> If S + had + 過去分詞 ..., S + would / could + have + 過去分詞 ...

2）説明・理解：ハンドアウトの利用

　条件を表すif文，仮定法過去（現在の事実に反する仮定），仮定法過去完了（過去の事実に反する仮定）の違いを再確認させます。日本語を使いながら，仮定法が事実に反する仮想を伝えていることを再確認させます。また，条件を表すif文とは異なる点を念押しします。

ステップ1　仮定法過去・仮定法過去完了の文型の確認

　ステップ1では，仮定法過去や仮定法過去完了の文型の違いを再確認させます。まずは，日本文がどの用法かを考えさせます。

T : There are three kinds of expressions: conditional present（条件を表すif文），past conditional（仮定法過去），and subjunctive past perfect（仮定法過去完了）. Let's work with the questions on the worksheet.

[ハンドアウトの問題例]

> ［1］次の文は，(a) 条件を表すif文，(b) 仮定法過去，(c) 仮定法過去完了のどれですか。　　　　［( ) 内は正解を示す］
> 1．時間があるときは，ご一緒します。　(a)
> 2．もし本当のことを言ってくれていたら，彼を許したでしょう。(c)
> 3．あと500円あったら，この本が買えるのに。　(b)
> 4．お母さんが忙しいときは，お手伝いをします。　(a)

　さらに，その日本文の空欄補充の問題に回答させます。

T : Let's translate the Japanese sentences into English. Fill in the blanks to complete the sentences.

[ハンドアウトの問題例]

> [２] 上記の文の意味を表すように，下線部に語句を入れなさい。
> 1. If I ___ time, I ___ with you. (have, will go)
> 2. If he ___ the truth, I ___ forgiven him.
> 　　　　　　　　　　　　　　　　　(had told, would have)
> 3. If I ___ 500 more yen, I ___ this book. (had, could buy)
> 4. If my mother ___ busy, I ___ her. 　　　(is, help)

ステップ２ 教科書本文で確認

　仮定法の用法について，知識が整理できた段階で，教科書本文に戻り，文の意味を確認させます。

[ハンドアウトの問題例]

> [問題] 教科書の文を，仮定法を使わないで表現しましょう。
> 　If she hadn't escaped death, hundreds of children would have lost their lives.
> 　⇒ As she _____, hundreds of children _____ .

3）定着・練習

　仮定法過去完了の定着を目指した活動です。

ステップ１ 制限的表現活動

　定着に向けて生徒に表現活動をさせます。最初は仮定法の機械的な練習をさせます。仮定法過去完了は，過去の２つの事実に反する仮想から構成されている点を再認識させるには，文結合（sentence combining）などの練習も効果があります。

[問題例]

> The following set of sentences describe past realities. Think of an unreal past condition and combine the sentences using the subjunctive past perfect.
> 1. I didn't know that the road was blocked.
>   I didn't take another route.
>   (答) If I had known that the road was blocked, I would have taken another route.
>   (訳例) 道路が通行止だと知っていたら，迂回路を通っていただろう。
> 2. I went to Disneyland last weekend.
>   I didn't finish my homework.
>   (答) If I hadn't gone to Disneyland last weekend, I could have finished my homework.
>   (訳例) 先週ディズニーランドに行かなければ，宿題が終わっていたのに。

ステップ2 自己表現活動

　ここでは，さらに生徒に自分の考えを発表させる練習へと発展させます。自分の身の回りのことや意見を英語で表現させることに重点を置きます。

[問題例1]

> Fill in the blanks and talk with your partner.
> 1. If I had lived in the Edo period, I [would / could] have ＿＿＿ .
> 2. If I had lived in the Jomon period, I [would / could] have ＿＿＿ .
>   { hunt animals for food
>   { become a *samurai*
>
> 　　　　　　　(*Genius English Communication I Revised* から抜粋)

[問題例2]

> Make a sentence by using "would have" in subjunctive mood.
> [Example]　If it had rained yesterday, I would have come to school by bus.

　最後に，仮定法過去完了は，過去の事実に反する仮定を表し，「もし〜だったら，〜だったのに」の意味を表すことを再確認させましょう。

3．内容を中心に扱う指導・1

　このセクションでは，教科書本文の内容をどのように導入し，理解させ，定着を図るかについて取り上げます。コミュニケーション英語Ⅰの教科書 *Compass I* の L7 "The Worlds of Colors" は，色に関するエピソードをまとめた課です。人が色に対して抱く感情，色の見える仕組み，色に対して人が抱くイメージの文化による違いなどが取り上げられています。この課の Part 1 をいかに取り扱うかを考えてみます。Part 1 本文は以下のとおりです。

> 　Have you ever felt blue? Have you ever been green with envy? Have you ever told a white lie?
> 　In English, we sometimes use color words to talk about feelings. That's because colors can affect our mood. Hotels and restaurants are often careful about the colors in their rooms.
> 　Warm colors (red, orange, and yellow) give us comfortable feelings, as well as negative feelings. They are also the colors that can increase appetite. Cool colors (blue, purple, and green) calm us and increase our concentration. However, they can also give us sad feelings. Let's learn more about the world of colors.

1）提示（導入）：オーラル・イントロダクションとセマンティック・マッピングを使って

このセクションを「好きな色」をテーマに，セマンティック・マッピング（Semantic mapping）の手法を取り入れたオーラル・イントロダクションで導入します。セマンティック・マッピングとは，提示されたキーワードから連想される語を次々に書いていく活動です。

T：Hello, everyone. Have you ever seen a signboard of MacDonald's hamburger shops?
S：Yes.
T：What colors do they use for the signboard, or *kanban?*
S：Red and yellow.
T：Right. Now look at this picture.（マクドナルドの看板を見せる）Do you know why they use red and yellow for their signboards?
S：I don't know.
T：They use red and yellow because these colors make people feel hungry. Different colors have different images. For example, I like green. Whenever I hear the word green, I remember the word ecology. How about you? What other words do you think of when you hear the word green?（黒板に green と板書する）
S：trees
S：grass
T：OK. Trees, grass ...（生徒が挙げる単語を図１のように次々板書する。ある程度の数になったら打ち切る）

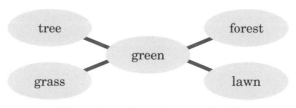

図１　セマンティック・マッピング

T : Look at the blackboard. There are several related words around the word green. This is called "semantic mapping." You picked up green things in nature. But European and American people have a different image of this word. Let's talk about it later.

2）説明・理解：設問を与えて黙読させてから説明する

　まず読みに入る前に，フラッシュ・カードや語彙リストを使って新出単語の意味を確認します。次に，設問を与えて本文を黙読させます。どういう設問を与えるかが，生徒の読む意欲を引き出せるかどうかに大きく影響します。設問の種類は大きく分けて，以下の3つになります（斎藤, 1996）。

　①事実を確認する発問（Finding-facts questions）：テキストからそのまま答えが抜き出せる設問。
　②推論発問（Making-inferences questions）：解答者が述べられた事実から推測して答えを考えなければならない設問。
　③意見を求める発問（Personal-involvement questions）：述べられた事実に対して解答者の意見を求める設問。

　一般に①→②→③の順に解答が難しくなります。ここではまず本文を理解させることを狙い，①タイプの設問を中心に次ページの図2のようなハンドアウトを配布します。生徒のレベルに応じて5分から10分程度の時間を与え，設問に解答させます。

　時間がたったら，まずペアやグループで解答を比べさせます。その後，以下のようなやりとりで説明し，生徒の理解を促します。

T : Now, let's think about Question 1. What expressions with colors did you find in paragraph 1?
S : "Felt blue."
S : "Green with envy."

Questions about Part 1
　　　　　　　　　　Class (　　) Number (　　) Name (　　　　　)

Q1. Pick up the expressions with colors from the first paragraph.

Q2. Read the second paragraph and fill in the blank in the following sentence: we sometimes use colors to show our (　　　　　).

Q3. What kind of feeling do the following colors give us? Read the third paragraph and complete the following table.

	Something good	Something bad
Warm colors	comfortable feelings	
Cool colors		

図2　黙読用ハンドアウト

S : "White lie."
T : Wonderful!（黒板に，"feel blue," "be green with envy," "tell a white lie" と板書する）What do you mean by "feeling blue?" OK, look at me. Now I'm feeling blue.（悲しい顔をしたり，泣き真似をしたりする）
S : Sad!
T : Yes, feeling blue means feeling sad. Everybody repeat it.
S : Feeling blue means feeling sad.
T : Great! When do you feel blue, A-san?
S : I feel blue when I have a lot of homework.
T : I know what you mean. How about you, B-san?
S : When I am alone.
T : Me too. Let's move on to the next expression. What does "be green with envy" mean? "Envy" means jealousy. Imagine your boyfriend or girlfriend talking with another girl or boy happily. How would you feel?

S：ああ，しっとする？
T：Yes, "be green with envy" means "feeling jealous."（くやしそうな顔をして見せる）Shakespeare used the expression, "the green-eyed monster" in his play *Othello*. Western people think green is the color of jealousy. Have you ever been green with envy?
S：Yes.
T：Thank you. Now let's move on to the last one, "a white lie." It's a lie but it is used not to hurt other people's feelings. For example, imagine the situation where your friend cooks dinner for you. But the dinner is not good. Would you say it's bad or it's terrible to the friend?
S：No.
T：What would you say?
S：Ah, maybe it's delicious.
T：I would say the same thing. A white lie is「人を傷つけないためにつく，罪のないうそ」. Have you ever told a white lie? Ask your partner.
（ペアで話させた後，内容を何人かに確認する）
T：Now let's think about Question 2. Everybody, fill in the blank and say the whole sentence aloud.
S：We sometimes use colors to show our feelings!
T：That's right! Do we sometimes do this in Japanese? What do you think?
S：Yes, we do.
T：What Japanese expressions with colors can you think of?
S：「真っ赤なうそ」
S：「目の前が真っ暗になる」
T：Fantastic! We really have a lot of expressions with colors even in Japanese! Now let's think about question 3. Paragraph 3 talks about warm colors and cool colors. Both types of colors give us something good and something bad. What are they? Show me your answers.
（机間支援をしながら答えを拾い，みんなに言わせてから板書する。右ページ上のようになるまで続ける。）

	Something good	Something bad
Warm colors	comfortable feelings increase appetite	negative feelings
Cool colors	calm us increase our concentration	sad feelings

3）定着・復習：要約と討論を使って

ここでは，要約を作らせ，音読させることで理解を深め，語句などの定着を図ります。さらに時間があれば，意見を求める発問をもとに討論をさせ，自分の意見を述べさせます。

(a) 要約を完成させて音読させる

図3のようにところどころ空白になった要約文を渡し，3分程度の時間を与えて空白を埋めさせます。

We sometimes use (　　　) words to show our (　　　). Colors can (　　　) our mood. Warm colors give us (　　　) feelings. They also give us (　　　) feelings. Cool colors calm us and increase our (　　　). They sometimes make us feel (　　　).

図3　要約文

（正解は上から color, feelings, affect, comfortable, negative, concentration, sad)

答えを確認したら，次のような指示をします。

T : Then, I want you to remember the summary and write down the summary by yourself. In order to remember it, let's read the summary aloud several times.

次にいろいろとやり方を変えながら要約文を何度か音読させます。以下は音読のさせ方の例です。

①コーラス・リーディング：教師が文やチャンクごとに読み上げ，すぐ

に全員にリピートさせます。
② オーバーラッピング：教師が読むのと同時に，教師が読み上げるやり方を真似して全員に読ませます。教科書を見ながら行わせます。
③ バズ・リーディング：時間を与え，それぞれ個人のペースで音読させます。立った状態で1回，座ってもう1回と2回読ませてみます。こうすると，読むのが早い生徒，遅い生徒が視認できます。また，教室が静かだとなかなか声は出せません。1回だけの音読だと，読むのが遅い生徒は最後まで読まずにやめてしまいます。しかしみんなに二度読ませることで，遅い生徒も最低1回は最後まで音読することができます。
④ 個人読み：1文ごとに個人を指名して読ませます。間違ったり読めなかったりする箇所を指導し，全員で共有させます。
⑤ リード＆ルック・アップ：1文もしくはチャンクごとに，まず教師が読み上げます。その間，生徒は教科書のその部分を見て頭に入れます。次に Look up という教師の合図で全員に顔をあげさせて，その箇所を見ないで言わせます。
⑥ 日本語から英語へ：教師がチャンクごとの日本語訳を言い，その後生徒にその部分の英語を言わせます。
⑦ シャドウイング：教師がゆっくりと要約文を読み，それを聞いた生徒は要約を見ずにすぐ真似して音声化します。
⑧ ペアによる音読：ペアにさせてオーバーラッピングやシャドウイング，日本語から英語，などに取り組ませます。

(b) 要約を書かせる

生徒が何回か音読を済ませて内容を頭に入れたら，今度は要約を見ないで書かせます。一語一句同じでなくてかまわないので，覚えている内容を時間内で書かせます。

T : Now do you remember the summary? OK, turn the summary paper over. I'll give you a sheet of blank paper. I'll give you 3 minutes. Please write down what you remember on the sheet. Please begin.

(c) 意見を求める質問で討論させる

もし時間が許せば，最後に意見を求める質問をして，生徒に自由に意見

第4章　新教材の提示・説明・練習

を述べさせてみましょう。

T：Now look at the table again. Now I have some questions. Why do warm colors give us comfortable feelings? Why do cool colors calm us? Talk about these questions with your partner. I'll give you two minutes.

（2分経過後）

T：Ok. Stop talking now. Why do warm colors, such as red, orange and yellow, give us comfortable feelings?
S：They are colors of fire. Fire makes us warm and comfortable.
T：Way to go! Then, why do they increase our appetite?
S：Because we use fire when we cook.
T：Wonderful! How about cool colors, such as blue, purple and green? Why do they calm us?
S：I think they are the colors of sea water. Water makes us cool.
T：You can say that again! Why do they increase our concentration?
S：We can work more in a cool place rather than a hot place.
T：Excellent. Now let's think about the bad things they give us. Warm colors sometimes show "negative feelings." What kind of feelings are they?
S：Anger.
S：Drunkenness
T：Why?
S：We look red when we are angry or drunk.
T：Great! Do you agree with him, everyone?
S：Yes.
T：Then, why do cool colors make us feel sad?
S：Cool sometimes means "not friendly." Unfriendly things make us unhappy and sad.
T：Amazing. You hit the nail right on the head!

　時間がなければ、質問だけ与えて、次回の授業の冒頭に意見を言わせます。宿題として、教科書以外の色を使った英語表現を調べさせ、次回の授業で発表させてもおもしろいでしょう。

4．内容を中心に扱う指導・2

ここでは授業で新教材の内容を英語で提示し，その後教科書本文を説明する方法を考えます。*Genius I* の Read On! 8の "The Burden of Thirst" の Part 1を例に考えてみましょう。

1）提示（導入）

言語材料の提示に対して，教科書の内容の提示は，リーディング活動に入るプレリーディング活動になります。したがって，その目的は，テキストの内容の背景知識を与えたり，キーとなる単語を事前に教えたりすることによって，テキストを読む動機付けを高めたり，読解を容易にさせたりすることになります。英語で提示するのは，教科書の内容の一部で十分です。一部を提示し理解させることで，その続きを教科書で読んでみようという気持ちにさせることが大切です。そのためには，言語材料の提示の場合と同様に，英語での提示を理解しやすくする写真やイラストなどの視覚情報を活用することが重要です。教科書の写真やイラストだけでなく，教科書以外の情報を調べて，より強く生徒の興味を喚起するものを利用することができます。

気をつけたい点は，内容の提示であっても，教師が一方的に英語で説明するのではなく，生徒に質問して，理解していることを確認しながら，提示を進めることです。どんなによい英語で説明しても，教師の１人芝居になってしまっては，生徒のコミュニケーション能力向上につながりません。生徒に質問して，理解を確認することで，もっとゆっくり話す必要や英語を易しく言い換える必要があることに気づくことができます。

提示の最後は，教科書を読まなければわからない質問をして，リーディング活動へとつなげるとよいでしょう。英語による内容の一部を聞いて理解したことで，教科書を読んでみようとなったときに，内容理解問題を与えることは読む目的を与えることになります。内容理解問題の答えを見つけることができれば，生徒は正しく読解できたのだと確認することができます。

第4章　新教材の提示・説明・練習

［提示例］

T：（エチオピア人女性のイラストを見せて）This is Aylito. She lives in Ethiopia. Do you know Ethiopia? Ethiopia is a country. Where is it?
S：It's in Africa.
T：Very good.（アフリカの地図を見せて）It's an African country. Aylito gets up very early every morning. What time do you think she gets up?
S：At five o'clock?
T：Good guess. She gets up before four o'clock. Why does she get up so early? You will find the answer to this question when you read Part 3 of this lesson.
　（子どもが水を背負って山を登っている写真を見せて）Now look at this picture. What do you see in this picture?
S：I see some children climbing a mountain.
T：Very good. The children are carrying something. Can you guess what they are carrying?
S：Food?
S：Water?
T：Yes, they are carrying water. Why are they carrying water?
S：There is no water in their house ...
T：Exactly! There is no water in the village of Foro in Ethiopia. So people have to fetch water from the river.（エチオピア人女性のイラストを見せて）Aylito fetches 20 kg of water. Is it easy to carry 20 kg of water?
S：No, it isn't.
T：That's right. It isn't easy at all. Now I'll give you three questions. Please read the textbook p.176 and find the answers to these questions. The questions are: How many times does she fetch water every day? Is the water good to drink? What is Aylito's most important job? Now start.

　この提示例は最後に3つの質問をして，教科書を読ませ，その答えを見つけさせようとしています。

How many times does she fetch water every day?
Is the water good to drink?
What is Aylito's most important job?

　これらの質問は，板書するか，ハンドアウトにして配布するなどして，生徒が常に問題を確認できるようにする必要があります。
　ここで例にあげた3つの質問はいずれも答えが教科書に明確に書かれている事実を見つけ出す発問です。それに対して，書かれている内容から推測すると答えることができる推論発問をすることもできます。例えば，Does Aylito live high up in the mountain or at the foot of the mountain? という質問の答えは教科書には明確に書かれていません。しかし，Even at four in the morning, she can run down the rocks to the river by starlight and climb the steep mountain back up to her village with over 20 kg of water on her back. という文から Aylito は山のふもとではなく上に住んでいると推測できます。このような質問文を推論発問といいます。推論発問に答えるには英文をよく読みこなし理解する必要があります。推論発問への解答はそう判断した理由も合わせて聞くと，どれくらい英文を理解して解答しているかがわかります。
　このようにオーラル・イントロダクションによる内容の提示を行い，質問を与え，教科書を読ませます。その後は，質問の答え合わせをします。その場合，即座に生徒を指名するのではなく，一度ペアで答え合わせをさせてから，全体で答え合わせをすると生徒は自信を持って解答することができるでしょう。全体での答え合わせは次のようにすることができます。

　Now please stop reading and check your answers to the three questions in pairs or with people around you.
　Could you answer Question 1, A-kun please?
　How do you know the answer?
　That's right. The textbook says "She has made this journey three times a day for nearly all her 25 years. So the answer is "three times a day."

2）内容の説明

このような内容理解のための英問英答の後は，本文の説明に入ります。本文の説明は，オーラル・イントロダクションを補完する役目を果たします。つまりオーラル・イントロダクションで触れたことは説明で繰り返す必要はありません。オーラル・イントロダクションで扱わなかった点を説明で補足していきます。例えば，Even at four in the morning she can run down the rocks to the river by starlight and climb the steep mountain <u>back</u> up to her village with over 20 kg of water on her <u>back</u>. という文には back という単語が 2 回使われています。その back は同じ意味なのか違う意味なのかを確認することは説明で扱うことができます。

同様に，So has every other woman in her village of Foro in southwestern Ethiopia. は省略された文であること，それを元の文に直すとどうなるかを教えることもできます。これは前の文 She has made this journey three times a day ... の has made 以下の繰り返しを避ける省略構文です。次のような例文を使って説明します。

Bill can speak French, and <u>so can his brother</u>. は

Bill can speak French, and his brother can speak French. という文の繰り返しを避けるために speak French が省略されたことを教えます。その後，本文は何が省略されているかを考えさせるとよいでしょう。

また None of these jobs is as important or as tough as the eight hours or so she spends each day fetching water. の文構造について説明することもできます。この文は，否定構文，as ... as 構文，関係代名詞の省略，or so という語法が複雑に組み合わされた難しい文です。これを一度に説明しても生徒に理解させるのは難しいかもしれません。次のようにポイントを 1 つずつに分けて説明するとわかりやすくなります。

Nothing is <u>as</u> important <u>as</u> the eight hours.
Nothing is as important as the eight hours <u>or so</u>.
Nothing is as important or <u>as</u> tough <u>as</u> the eight hours or so.
Nothing is as important or as tough as the eight hours or so <u>which she spends each day fetching water</u>.

None of these jobs is as important or as tough as the eight hours or so which she spends each day fetching water.

　上のように段階を追って説明すれば，本文を理解しやすくなるでしょう。しかし，このような文法的な説明に貴重な授業時間を割くのは残念なことです。説明を書いたハンドアウトを準備して，教室での説明は最小限に留めるようにしたいものです。

　このように，教科書本文の内容を十分に理解していれば，音読するときに，どこで区切ればよいのかも明らかになります。音読させて，区切るところが間違っていれば，内容理解が十分でないのかもしれません。その場合は再び内容理解を確認します。

第5章 コミュニケーション活動

　コミュニケーション活動とは「参加者同士（生徒と生徒，生徒と教師，生徒とALT）が，互いに英語の音声，文字等を用いてやりとりを行って，情報・意見・意向や感情を伝達し合うこと（三浦・内田・矢野・飯塚, 2010）」です。普段の授業はテキストの内容把握や文法・語彙指導に追われがちかもしれませんが，積極的にコミュニケーション活動を取り入れて，生徒の「情報や考えなどを的確に理解したり適切に伝えたりする」能力の育成を図りたいものです。ここではコミュニケーション活動のうち，インフォメーションギャップ活動，オピニオンギャップ活動を中心に取り上げます。

1．インフォメーションギャップ活動
　「情報の格差を利用してコミュニケーションを仕組む」（村野井他, 2001）言語活動を総じてインフォメーションギャップ活動と呼びます。例えばペアワークなどでそれぞれの生徒が情報の一部を持ち，その情報を言葉で他の生徒に伝える活動などが考えられます。

1）教科書のテキストを使った活動
　次の例は，教科書のテキスト内の欠けた情報をペアで質問し合って補う活動です。テキストの指導に入る前の導入として実施するとよいでしょう。
　まず，テキストからところどころ情報を抜いたハンドアウトAとBを用意します。AとBでは，それぞれ欠けている情報が異なります。次に各ペアにA，Bそれぞれ1枚ずつ配布し，"Look at the handout. The text has missing information. Ask your partner and fill in the blanks." などと指示を出し，欠けた情報を互いに補わせます。
　活動自体の難度はハンドアウト内のヒントにより調整できます。ハンドアウトAの例では疑問文そのものをヒントとして与えていますが，これらを外せばやや難度を上げられます。また，Bの例のようにヒントをまったく与えないことで，さらに難度を上げることも可能です。

Handout A
Aya and her brother Ryota lived in (1)＿＿, with their father and grandfather. One day, they found a dog. Aya wanted to keep her. "(2)＿＿" she asked her father. "Yes, all right. Take good care of her," he replied. Aya was delighted and named the dog (3)＿＿. The next year, (3)＿＿ had three puppies. They were named Gu, Choki, and Pa. Aya and Ryota played happily with their dogs every day.

● Ask your partner ...
(1) Where did Aya live?
(2) What did Aya say to her father?
(3) What is the dog's name?

Handout B
Aya and her brother Ryota lived in Yamakoshi Village, Niigata Prefecture, with their (4)＿＿. One day, they found a dog. Aya wanted to keep her. "Can we?" she asked her father. "Yes, all right. (5)＿＿," he replied. Aya was delighted and named the dog Mari. The next year, Mari had three puppies. They were named (6)＿＿, ＿＿, and ＿＿. Aya and Ryota played happily with their dogs every day.

● Ask your partner and fill in the blanks (4), (5), and (6).

２）イラストや写真を使った活動
　イラストや写真の欠けた情報を，ペアで質問し合って補う活動も可能です。次の例は，分詞の形容詞用法を学習した後に実施することを想定しています。

イラストを配布した後に "Look at the pictures. Six people are in the park, but you don't know some of them. Ask your partner who they are." などと指示を出し，人物と名前を一致させます。この活動も，前項の例同様に与えるヒントにより活動自体の難度を調整できます。

3）チラシなどを使った活動
　スーパーのチラシや映画の上演予定表，新聞の天気予報図などは，インフォメーションギャップ活動の題材として活用しやすいものです。例えば，買い物リストと異なる2種類のチラシを用意し，"You are going to buy the things on the shopping list. Exchange the information on the ad with your partner and decide which supermarket to go." などと指示を出し，どちらの店がより安いか情報交換を行わせます。また，ペアのうち一方にのみ電車の時刻表を与え，駅員と乗客のロールプレイをさせる活動なども考えられます。
　チラシや時刻表などはインターネットを使えば海外のものが入手できます。生徒がインターネットを利用できる環境があれば，自分たちで検索させても良いでしょう。なじみのない品物や地名に戸惑う生徒が多いようならば，日本のものを使用してもちろんかまいません。教師が実物を参考にして簡略化したハンドアウトを作成してもよいでしょう。

2．オピニオンギャップ活動
　インフォメーションギャップ活動では生徒によって異なる情報が与えられますが，オピニオンギャップ活動ではどの生徒にも同じ情報が与えられ，その情報に対して各生徒が抱く個人的な好み・感情・態度などを表現し，意見を交換します。また，難度を上げて意見を交換するだけでなく，ペアやグループ内で取るべき方針を決めさせる活動も考えられます。

1）オピニオンギャップのトピック
　教科書には，次のようなオピニオンギャップ活動が課末に与えられていることがあります。

○ Think about the following questions.
1. In America, it has been a tradition for a long time for young children to open a lemonade stand to earn some pocket money. Do you think it is a good tradition?
2. If you need money to help other people, how will you raise the money?
3. Discuss your ideas with your partner.

(Genius I, Lesson 6)

　こうした言語活動のトピックは生徒たちが「学校生活や日常生活の中から，(中略) 自己関与感を持って積極的に活動したくなるような (髙島, 2000) ものが望ましいです。例えば，「ハイブリッド車と EV 車，購入するならどちらがよいか」といったトピックは高校生にとって身近であるとは言い難く，生徒の興味をあまり引き出せないでしょう。また，どんなに興味を引くトピックであっても，意見を交換する準備から段階的に手順を踏まなければ，生徒の意見交換が活性化しないこともありえるでしょう。
　これらを踏まえて，上記の活動を次のようにアレンジします。

1. How can you raise money to help others? List as many ways as possible.
2. Share your ideas with your partner.
3. If you are to raise money with your partner, how will you do it?

　もしも文化祭の企画を考える時期であれば，How will we raise money at our school festival? などとすると，高校生にとってより身近な話題となり，さらに取り組みやすくなるはずです。

２）教科書の物語文を使った活動
　Compass I Lesson 6 では，姉が大切にしていたインコを逃がしてしまった少年が，40年後にそのインコを保護した人に偶然出会う物語を扱っています。この物語文を例にとって，オピニオンギャップ活動を考えてみましょう。
　物語の結末にあたる部分を伏せたハンドアウトを作成し，生徒に配布し

ます。"This is a story about a boy who accidentally let his sister's parakeet fly away. But the ending is missing. Read the story and make the ending of the story." などと指示をし，本文を読ませた後に生徒たちに自由に結末を考えさせます。または物語の後日談を自由に書かせても良いでしょう。結末などの作成が難しい場合には，登場人物のセリフを伏せ，そのセリフを考えさせてもかまいません。

次に，"Make a group of four. Exchange the stories in the group. Which ending is good for the story?" などと指示を出し，グループで互いの作品を読み，物語により相応しいものはどれか，意見を交換させます。グループで1つの作品を選ばせ，選んだ作品とその理由を活動のまとめとして発表させます。

生徒たちが各自の作品について自由に意見を交換できることがこの活動の最終的な目標ですが，活動に慣れないうちは次のように互いの作品を評価する基準を配布してもよいでしょう。

Criteria to choose the best ending
- Is it touching?　　　　　1. Very.　2. So-so.　3. Not so much.
- Is it amazing?　　　　　 1. Very.　2. So-so.　3. Not so much.
- Length of the story is ...　1. too long　2. proper　3. too short.

3）教科書の説明文を使った活動

Genius I Lesson 2 では，海外の友人から風呂敷について尋ねられた Yuka が，風呂敷について調べています。この課の内容把握を行った後，今後風呂敷の使用が国内で増えていくかについて，意見を交換させてみましょう。

まず，"Do you think *furoshiki* will be more popular in Japan? Why? Why not?" などと問いかけ，自分の意見をまとめさせます。授業内に時間の余裕がない場合は，宿題とします。次に，"Stand up, everyone. Ask as many students as possible about what he or she thinks. I'll give you five minutes." と指示し，他の生徒の意見について聞き取り調査を行わせます。その後，異なる意見を持つ生徒同士のペアやグループを作らせます。"Who thinks 'Yes'? Raise your hands. OK, you're Ys. Who thinks 'No'? OK, you're Ns. Now make a group of four. Each group needs to have both Ys and Ns." 次に，"Exchange your ideas in the group. Discuss how we can make *furoshiki* more popular." などと指示をし，風呂敷をもっと普及させるにはどうすれば良いかについて互いの意見を交換して考えさせます。最後にそれぞれのペアやグループで話し合った内容をクラス内で発表させます。

4) 方針を決定させる活動

　ペアやグループで意見の交換を通じて方針を決めさせる活動です。"You are planning to go camping next weekend. Will you go to a beach? Will you go to a mountain? Talk with your partner and decide where to go." など，週末の予定を決めさせる活動などがその代表的なものです。

　次の例は，週末にどの映画を見に行くか，相談して決めさせる活動です。

①映画の情報を配布する

　与える映画の情報は，インターネットを利用すれば容易に入手できます。授業の目的や生徒の実情に応じて，情報の内容や量を調節します（次ページ Movie A, B 参照）。例えば，異なるジャンルの映画情報を与えれば，後の意見交換も行いやすくなるでしょうし，逆に似かよったジャンルの映画を与えればレビューを読み比べる必要性が高まります。時間に余裕があれば，生徒達に情報を探させてもよいでしょう。

②映画情報についてワークシートに記入させる

　"Read the information about the movie. Fill in the blanks on your worksheet." などと指示をし，映画の情報を読ませ，後のステップで意見交換しやすくなるようにワークシート（p.66参照）に必要な情報を書き取らせます。

③ペアで映画の内容を確認させる

　"Work with your partner. Exchange your worksheet with your partner and talk about the movies." などと指示し，映画情報についてペアで確認させます。生徒同士での確認が難しいような場合は，クラス全体で確認を行い，このステップを省略してもかまいません。

④どの映画を見に行くか，ペアで相談して決めさせる

第5章　コミュニケーション活動

"You are going to watch one of the movies with your partner. Which movie do you want to watch?" と問いかけ，各ペアで相談させます。また，"Will you tell me why you chose the movie?" などと問いかけ，映画を選んだ理由を述べさせるとさらに活動が発展します。ペアではなくグループで話し合わせたり，選択肢となる映画の数を増やしたりすると難度の調節ができます。

Movie A
Monsters University (Comedy)

110 mins / US

Starring: Billy Crystal, Steve Buscemi, John Goodman, Dame Helen Mirren, John Krasinski, Nathan Fillion
Director: Dan Scanlon

At the age of six, Mike Wazowski ignites his desire to become a scarer. Many years later, he excitedly heads off to university to realise his dream, impressing teachers by regurgitating facts from textbooks. However, classmate Sulley gets all of the attention and is courted by the Roar Omega and Roar fraternity. The bitter rivals' fates rest on an end-of-term exam, which must be passed or Dean Hardscrabble will expel them from the course.

Movie B
An American Werewolf In London (Horror)

97 mins / US

Starring: David Naughton, Jenny Agutter, Griffin Dunne, Brian Glover, John Woodvine
Director: John Landis

David Kessler and his buddy Jack Goodman trek across the north of England with their backpacks, stopping off for a drink at a pub called The Slaughtered Lamb. Told by the locals to stick to the road, the American visitors pay no heed to the advice and head onto the moors where a large wolf kills Jack and badly injures David. He recuperates in a London hospital under the care of nurse Alex Price, unaware that he is now a werewolf at the mercy of the moon.

(LondonNet http://www.londonnet.co.uk)

```
                        Worksheet

Movie A
1. Title of the movie:
2. Genre:
3. Director & Actors:
4. Running time:
5. Story outline
   _____
   _____
   _____

Movie B
1. Title of the movie:
2. Genre:
3. Director & Actors:
4. Running time:
5. Story outline
   _____
   _____
   _____

The movie we watch next Sunday is
because
```

3．教師の役割

　インフォメーションギャップ活動などのコミュニケーション活動時に，教師が果たすべき役割にはどのようなものがあるでしょうか。Larsen-Freeman and Anderson (2011) は，コミュニカティブ・ランゲージ・ティーチング時の教師の役割として，進行役（Facilitator），助言者（Adviser），そして参加者（Co-communicator）の３点を挙げています。

1) 進行役

進行役として，教師は必要な言語材料を提示し，グループやペアの作成を行い，そして活動の方法や目的を提示します。活動中は，スムーズに活動が進むように各グループやペアに助言を与えます。

2) 助言者

活動を観察し，生徒の発言に対して助言や指導を与えます。ただし，活発にコミュニケーション活動が行われている最中に事細かに誤りを指摘されていては生徒も意欲が削がれてしまいます。「コミュニケーションの流れが大きく阻害されない限りその場では訂正せずに，意味のやりとりを優先して授業を進める（村野井他，2001）」方が好ましいのです。コミュニケーション自体に影響を与えそうになければ，活動が終わった後に指導するなど，誤りの性質に応じて対応しましょう。

また，活動時に生徒の様子を観察して，次に行うべき指導の材料を見つけることも大切です。特に多くの生徒に共通した誤りなどは記録しておき，後の授業や宿題などで復習させます。フィードバックする内容は，コミュニケーション活動の目的と照らし合わせて吟味します。その際，「現在完了形が上手く使えない学習者に，現在完了受け身形を求めるようなフィードバックを与えても効果はない（村野井他，2001）」ので，生徒がフィードバックを生かせる段階にあるかどうか，見極めが必要です。

3) 参加者

生徒に混じってコミュニケーション活動に参加することで，モデルの役割も果たせる上に，活動をより充実させることができます。ティームティーチングで進行役と参加者役に分担が可能な場合や，活動が滞りがちなグループの進行を助けたい場合には，積極的に参加しましょう。ただし，他のグループに目が行き届かなくなってしまい，クラス全体に対する助言者の役割が不十分にならないようにします。

第6章　発展活動

　前章までは，教科書内容の提示・説明・練習について取り扱いました。ここまでは「理解」中心の活動ですが，ここから「伝える」活動に展開しなければ，本当の意味でコミュニケーション能力を育てていることにはなりません。教科書で学んだ内容を生かしながら，最終的には自分の意見を自分で述べるような活動に持っていきたいものです。やらされているのではなく，自ら伝えてみたいと思うような活動を設定してこそ，生徒の力を伸ばすことができます。以下に発展活動の例を示します。

1）"Words You Remember"
　読み終えた教科書本文にあった単語をどれだけ思い出せるかをグループで競わせる活動です。手順は以下のとおりです。
①教科書の内容理解，音読が終了したら，教科書を閉じさせます。
②生徒に白紙の紙（A4半分程度の大きさ）を配布します。
③配布した用紙に，今読んだ本文にあった単語を1分間でできるだけ多く書かせます。
④生徒を4人1組のグループにし，ジャンケンなどで順番を決めさせます。
⑤1番の生徒から順に，書いた単語から1つを選んで読み上げさせます。読み上げた単語はバツ印を付けて消させます。他の生徒も，読み上げた単語が自分の書いたシートにあれば，バツ印を付けて消します。バツ印がついた単語はもう読み上げることはできません。
⑥1分後に活動終了です。残っている単語数の多い生徒が勝ちです。

［英語での指示例］

　Close your textbook, everyone. Take a sheet of paper.（生徒に白紙の紙を配る）Now what words in the story do you remember? I'll give you one minute. Please write down as many words in the story as possible. Go.
　（1分経過後）Stop writing. Now work in groups of four. Do *janken* and

decide the order, No. 1, 2, 3 and 4. The No. 1 person starts the activity. Pick up one word on your sheet and read it aloud. Then cross out the word like this.（黒板に単語を1つ書き，その上に大きく×印を書く）The other members in the group listen to the No. 1 person, and cross out the word, too, if you have the same word on your sheet. Take turns and continue the activity for one minute. Please begin.

　（さらに1分経過後）Stop now! How many words do you still have on your sheet? Who has the most words? Congratulations! You are the winners!

２）キーワード・リテリング
　読み終えた教科書の内容を，教科書を見ずにキーワードをもとにして再生させる活動です。手順は以下のとおりです。
①生徒に教科書本文を何度か音読させた後，教科書を閉じさせます。
②生徒を次々と指名し，覚えている単語や句を言わせます。教師はそれを板書していきます。
③板書した語句がある程度の数になったら聞くのをやめ，生徒をペアにします。ジャンケンなどでどちらが先にやるかを決めさせます。
④黒板にあるキーワードを利用して，音読した内容を再生させます。教科書通りに言わなくてもいいことを伝えておきます。1分などと時間を決めて行わせます。
⑤終わったら役割を交替して，もう1人にリテリングさせます。
　パートナーを変えて，同じ内容を50秒，40秒と時間を短くして繰り返し再生させると，流暢さを向上させるための良い活動になります。リテリングの後で，その内容を書かせればライティングの練習にもなります。

［英語での指示例］
　Now, close your textbook, everybody. Pick up one word or phrase in the story we've just read and say it without looking at the textbook.（10名程度指名し，言った語句を板書していく）Now you can see several words and phrases from the story. Using these words and phrases, I'd like you to retell the story. You don't have to say exactly the same thing as

written in the textbook. Try to describe the story roughly. Work in pairs. Do *janken* with your partner. The winner in each pair will be the first one to retell the story. You have one minute. Please begin.

　（1分経過後）Now stop talking. Switch roles. Go!

3）ピクチャー・リテリング

　2）のリテリングを，キーワードの代わりに絵を用いて行います。教科書の挿絵や写真等を拡大コピーし，黒板に貼って，それをもとに読んだ内容を再生させます。Googleの画像検索などで内容に関連する画像を集め，それを提示しても良いでしょう。

4）クエスチョン・ビンゴ

　生徒に読んだ内容に関する質問をいくつか作らせ，それをビンゴ形式で実施する活動です。
①図のようなビンゴシートを生徒に配ります。マス目は生徒の学力や実施時間に合わせて調節してください。だいたい3つか4つくらいで十分だと思います。
②時間を決め，生徒に1マスにつき読んだ内容に関する質問を1つ作成し，書くように指示します。生徒が疑問文をうまく作れない場合は，TFクエスチョンを作らせます。本文の一部を抜き出させたり，変えたりした文を書くように指導します。
③ビンゴシートが完成したら，席を離れて，空いている人を見つけて質問させます。相手が正解を言ったら，質問の下に署名をもらいます。
④すべての質問に署名がもらえたらビンゴです。ビンゴになったら自分の席に戻ります。

BINGO Sheet			
Where did Aya and Ryota live?	What did they find one day?	What did they ask their father?	What are the names of the three puppies?
Hiroshi			

図1　ビンゴシート

[英語での指示例]

　Let's do the activity called "Question BINGO. "Do you have a copy of the sheet? I want you to make four questions about the story. Please write down one question in each of the blanks above. You can make yes-no questions, wh-questions or true-or-false questions. I'll give you five minutes. Please begin.

　(5分経過後) Did you make four questions? Now it's time for BINGO! Stand up, walk around and find someone to ask one of the questions you made. Ask him or her one question. If the person answers it correctly, let him or her sign in the blank below the question. When you have four different names, it's BINGO. Shout "BINGO" and come to me. Let's get started.

5）要約文を使ったディクトグロス

　ディクトグロスとは，教師が学ばせたい文法項目を含んだテキストを口頭で何度か生徒に聞かせ，生徒は自分が取ったメモをもとに，ペアやグループでその内容を再生する活動です。ここでは，1課の学習が終了した後に，その要約を再生させる活動を考えてみます。

①学習が終わった教科書の1課について，教師が100〜200語程度で要約します。要約文の中に，生徒に復習させたい文法事項や表現を入れておきます。

②教師は作成した要約文を読み上げて，生徒に聞かせます。生徒は聞いた内容をメモします。理解度に応じて，読み上げを何度か繰り返します。

③生徒をペアもしくはグループにし，取ったメモをもとに，聞いた内容を口頭で再生させます。

④再生が終わったら，いくつかのペア（グループ）に発表させます。焦点を当てた文法事項や表現を全員で確認します。

⑤その後全員に再生した内容を書かせて提出させます。

[英語での指示例]　ここではペアワークを想定しています。

　We've just finished reading Lesson 1. Let's review the whole lesson. I have a summary of the lesson. I'm going to read the summary aloud to you. Listen to the summary. You can take notes while I am reading the summary. After that, work in pairs and reproduce the summary with your partner using the notes you have taken. Are you ready? Please listen.（この後必要に応じて読み上げを繰り返す）

6）インタビュー

　読み終えた本文に関して意見を求める質問を課し，その答えをお互いに尋ねさせる活動です。質問は答えが思いつきやすいものにします。意見がはっきりと分かれるようなものがおもしろいでしょう。例えば *Compass I* の Lesson 8, Part 1ではスパゲッティの話が出てきます。スパゲッティ，ラーメン，そば，うどんではどの麺が一番好きか，それはなぜかを考えさせます。その答えをインタビュー形式で尋ねさせます。

①意見を求める質問を課し，時間を与えて答えと理由を考えさせます。教師は机間支援をして，英語で言えない生徒を補助します。
②次ページの図のようなインタビューシートを全員に配ります。
③生徒をペアにします。ジャンケンなどでインタビューする側とされる側を決めさせます。
④インタビュー側は，"What did you choose?"，"Why did you choose it?" などと書いたものに対する質問をし，その答えを書き留めます。
⑤時間が来たら，役割を交替して行います。
⑥パートナーを替えて，同じ内容を二，三度繰り返して行います。

［英語での指示例］

　We read the interesting story about spaghetti. Do you like noodles? What kind of noodles do you like best; spaghetti, *ramen*, *soba* or *udon*? Can you explain the reason in English? Think about this question. Now I'll give you two minutes. If you can't say the reason in English, I will help you. OK? Please begin.

　（2分経過後）Now work in pairs. Please take a copy of the interview sheet. Do *janken* with your partner. First, the winner will ask the question, "What kind of noodles do you like best?" Ask for the reason, too. Then switch roles.（お互い聞き終えたら）Now change partners and do it again.（活動を繰り返す）

Interview Sheet

Name	Miki		
What?	ramen		
Why?	She likes ramen soup.		

図2　インタビューシート

7）準備したスピーチ

　準備したスピーチ（Prepared Speech）は，生徒にあらかじめ話す内容を考えさせ，原稿を作成させてから行うスピーチ活動です。発表までに原稿を暗記させ，なるべく原稿を見ないでスピーチを行わせます。以下に手順を示します。

①その日読んだ内容に関して，何か生徒の意見を問うような課題を設定し，自分の意見を英語で書いてくることを宿題にします。*Genius I* の Lesson 3 では，風呂敷を取り上げて，その価値を再評価しています。この課を読んだ後であれば，「ここ数十年ですたれてしまったが，復活させたいもの」について書かせる，などはどうでしょうか。まずすたれてしまったものを挙げさせます。レコード，ワープロ，MD，などいろいろなものが挙がるでしょう。その中で1つ，自分が復活させたいものを決めさせ，なぜ復活させたいかを述べさせます。必要に応じて役に立つ語彙や，書き始めの文などを示してあげます（We should reuse ～. または I'd like to use ～ again. など）。5文以上で書く，100語程度で書くなど，分量を指定してもいいでしょう。

［英語での指示例］

　Like *Furoshiki*, many things have disappeared from our daily life over the past several decades. As you mentioned, we no longer see records, word processors or MDs. Is there anything you would like to use again? Choose one thing from them and write down the reason why you would like to use it again. This is your homework. You should write around 50 words.

②次の時間に，書いてきたものをペアやグループで交換させ，間違いや意味の通らないところがないかお互いにチェックさせます（Peer Review）。教師は机間支援をして，生徒の疑問に答えます。終わったら，家庭で練習して，内容を頭に入れてくるように伝えます。

［英語での指示例］

Did you write down your opinion? Exchange your homework sheet with your partner. Read your partner's piece of writing and check if there is any part that doesn't make sense to you. Also check for any errors in spelling, grammar or word-choice. I'll give you three minutes.

（3分後）Stop reading. Now tell your partners about the errors you've found. If you didn't find any, tell your partner about your impression of the writing. I'll give you two minutes. Please begin.

③次の時間は生徒を4人ぐらいのグループにします。1人1分などと時間を決めて，グループ内で順番にスピーチさせます。その後，おもしろかったスピーチを推薦してもらって，何人かに全員の前で発表させてもいいでしょう。

［英語での指示例］

Now make groups of four. Do *janken* and decide the order of the speakers. Each of you has to make a one-minute speech. Try to keep eye contact with the other members. Who is the first speaker? Are you ready? Go!（以下残りのメンバーも順にスピーチをさせる）

8）グループ・ディスカッション

　　4人1組ぐらいのグループで，読んだ内容に関連した討論テーマを設定し，それについて討論させます。リーダーを決めて，議論を進めさせるといいでしょう。正解がなく，いろいろな意見を引き出せるようなテーマを考えます。*Compass I* の Lesson 3 "Kimonos are Cool!" は，留学生の Mandy が留学先のクラスの早紀と卓也に夏祭りに連れて行ってもらい，そこで着た浴衣に興味を持つという内容です。この課を読んだ後なら，「海外からの留学生が来たら，自分の街のどこを案内したいか」というテーマ

で話し合わせてみてはどうでしょうか。まず個人で考えさせてから、グループ内で意見を交換させ、最終的に3つの場所を選ばせます。グループでの討論が済んだら、結果とその理由を各グループに発表させ、比較させると楽しいでしょう。

［英語による指示例］

Which places in this city would you like to show to an exchange student? Please choose the best three places and think about the reasons why you have chosen these places. I'll give you five minutes. Write down the names of the places and the reasons.

（5分経過後）Stop writing. Now work in groups of four. Please share your ideas and then decide the best three places in your group. First choose the group leader. The leader will be chair. I'll give you seven minutes this time. After this, the leader will report the results to the class. Go!

第7章 評価の方法

　学習到達目標をたてて授業を行った後は，目標が達成されたかどうかについて評価する必要があります。学習到達目標は，3年間，学年，学期，単元，授業というレベルで設定することができます。ここでは授業レベルでの学習到達目標とその評価の方法について考えてみます。評価には，学習到達目標が達成されたかどうかをみるわけですが，観察による評価，提出物による評価，生徒による自己評価，テストによる評価の4つがあります，これらの評価方法を組み合わせて，総合的に評価することを考えます。また，授業が英語で行われることを考慮すると，日本語で行うときとは違う評価方法が考えられます。この章では，英語で行う授業を念頭に入れて，4つの評価方法について考察します。

1）観察による評価
　観察による評価は，英語による授業という点を考慮すると，英語を正確に使っているか，英語を流暢に使っているか，積極的に英語でコミュニケーションをとろうとしているかなどを評価対象とすることができます。これらの観察対象項目について，ペアワークやグループワークをさせているときに，特に優れている生徒を記録しておき，プラス点を与えるようにします。活動に積極的でない生徒はマイナスの評価をするのではなく，その場で活動するよう指導するだけでよいでしょう。全員を観察評価の対象にできるのはスピーチや音読などです。一定期間内に全員の生徒にスピーチや音読をさせるように計画しておき，それを観察し評価します。

2）提出物による評価
　提出物には，教師の自主教材の課題の提出，ワークブックの提出，教科書の内容理解問題や練習問題をハンドアウトにして作り変えたものの提出などがあります。これらの評価は，提出物が期限通りに提出されたかどうか，その内容が優れたものであるかどうかで行います。期限通りに提出さ

れたならば基本点を与えます。ワークブック的な練習をした結果の評価では、この基本点だけでよいでしょう。しかし、生徒独自の創意工夫が現れる、作文や調べものの提出物の評価では、基本点に加えて、内容が優れたものにはプラス点を与えてもよいでしょう。そのような生徒の努力が感じられるものには、提出物を返却する際に、良い作品であるとしてクラスに発表することにより、その生徒の努力を認めるだけでなく、他の生徒への良いモデルとしてその後の提出物の内容の向上につながるでしょう。

3）生徒による自己評価

　生徒による自己評価は、振り返りシートを用いる方法が考えられます。振り返りシートは、授業の最後に授業で行ったことをどれくらい自分は理解していたか、積極的に取り組んでいたかを自己評価させるものです。具体的には次のようなシートを配り記入させます。

振り返りシート

　今日の授業について、どれくらいしっかり取り組めたか3段階で評価してください。

　　★★★（よくできた），★★（できた），★（十分ではなかった）

評価項目	星を塗りつぶそう
授業のポイントを理解できましたか。	☆☆☆
先生や友達の英語を理解しようとしましたか。	☆☆☆
英語を使うようにしましたか。	☆☆☆
ペアやグループで協力して活動ができましたか。	☆☆☆
今日の授業でよくわかったこと、よくわからなかったことなどを書いてみよう。 	

　　　　年　　　組　　　番　氏名

振り返りシートは，生徒がどれくらい授業を理解しているか，積極的に授業に参加しているかについての評価に使えるだけでなく，教師がどれくらい効果的な授業を行っていたかという授業に対するフィードバックと考えることもできます。教師が生徒に理解できる英語を話していたか，ペアワークやグループワークの指示が生徒にわかりやすいものだったか，活動の内容が生徒の英語力でできるものだったかなど，教師が自分の授業を改善していく上で有意義な情報を提供してくれます。

4）テストによる評価

　英語で行う授業を受けた生徒の学習状況を評価する方法は，当然日本語で教える場合の評価と違う特徴をもちます。従来の評価は筆記試験によることが多いものですが，英語による授業のテストは筆記試験だけでなく，スピーキングやライティングのパフォーマンス・テストが加わります。また，筆記試験であっても，英文和訳を課したり，文法問題に特化したりするものではありません。語彙や文法の知識に加えて，リスニングやリーディングという技能を測定する必要があります。

　語彙や文法知識の定着をみるには，生徒が学習した語彙や文法をテストする必要があります。教科書や使用した教材の言語材料をそのままの形で出題し，それが定着しているかどうかをテストします。このようなテストは生徒にとってどのようにテストに準備したらよいかが明確にわかり，テストに備える動機付けになります。

　しかし，リスニングやリーディングで聴解や読解の技能を測定するには，授業で扱った教材をそのまま使うのでは，生徒が本当にそれらの技能を向上させたのかをみることができません。そのようなテストは教材の内容を日本語で覚えていれば正解できてしまうからです。リスニングやリーディングの技能を測定するには，授業で扱ったのと同じトピックで異なるテキストを使う必要があります。

　Genius I の Lesson 8 Water Crisis を例に考えてみましょう。この単元を利用して，第9章末にリーディング中心の授業指導案（p.107〜）が作られています。この指導案は，次の2点を授業の学習目標にしています。

第7章　評価の方法

①水不足について，何が問題なのか興味関心を持つ
②水不足の原因とその解決策に関する概要を理解する

　本指導案は最初の授業で，課全体の内容を把握させたあとで，2時間目からの授業で，各パートの新出語やイディオムの意味の確認，各パートの要点や細部の意味の確認をしていくものです。このような授業がなされた場合，その評価はどうあるべきなのでしょうか。上の目標をもとにして考えると，評価規準としては，「理解」の観点として教科書の読解がまず考えられます。この指導案にはありませんが，教科書の内容を理解したあと，それについて自分の考えを表現することも学習目標としてもよいかもしれません。その場合，「表現」の観点として教科書の内容について「書く」ことや「話す」ことが考えられます。

　「理解」の読解の観点としては，指導案にあるハンドアウトの読解問題のような質問をテストの設問項目に取り入れ，どの程度生徒が読み取ることができるかをみることができます。その場合，事実を見つけ出す質問だけでなく，書かれていることから自分の意見を答えさせる質問を用いることもできます。例えば，Part 1で事実を見つけ出す質問ならば，次のようなものが考えられます。

What example is given for a water shortage caused by global warming?
解答例：Further north Alpine glaciers are shrinking.

自分の意見を答えさせる質問ならば，次のようなものが挙げられます。

Why do you think the WWF asks "rich states" to set an example by improving water supply systems and solving climate problems?
解答例：I think only rich countries can afford to improve water supply systems.
　　　　I think poor countries do not have the technology needed to improve water supply systems.
　　　　I think people in rich countries are more interested in water problems.

書かれた内容を解釈し，判断し，自分の意見を形成することは，重要な読解力の一部です。したがって，評価において，書かれた内容について意見を聞くことは，どの程度内容を理解し，どのように解釈，判断したのかをみる上で重要です。上の例では，意見を英語で書かせましたが，日本語で書かせてもよいでしょう。これはいきなりテストで問うのではなく，ふだんの授業で自分の意見を言わせておくことが前提になります。

　「教科書の本文を読んでその内容を理解する」ことを定期試験で評価するならば，教科書の本文とまったく同じ英文を読ませたり，聴かせたりして，その内容を理解しているかどうかを問うことには問題があります。教科書本文の内容は授業で学習しているわけですから，その内容はすでに理解しているはずです。英文を読んで内容を理解できるかどうかは，教科書と同じレベルの初見の英文を読ませ，理解できるかどうかをみる必要があります。既習の語彙や文法を使って，新しい文章を教師が書いて，問題を作ることができます。同じトピックについて書かれた文章を探して，生徒のレベルに合うように書き換えて使うこともできます。聞くことに関しても同様です。

　また，教科書の文章をアレンジして別のものに変えてしまうこともできます。ALTに本文の語彙や文法を使って，同じトピックの別の文章を書いてもらってもよいでしょう。例えば，テキストのPart 1を地球の住民weの立場から次のように書き換えることができます。

> 　One out of eight of us suffers from the lack of safe drinking water, even though over 70% of the earth's surface is covered with water. That is because 99.99% of the water is seawater and is not suitable for drinking.
> 　Pure water is so precious that we cannot afford to waste it. However, we lose water because of poor resource management and global warming. In London old water pipes are leaking a huge amount of water every day. The warmer climate has shrunk the Alpine glaciers, which are an important source of water. Some cities in developed nations are using more water than they can supply.
> 　We will face water shortages all around the world because our

> population is rapidly increasing, and we will use more water in total. So we need to conserve water on a global scale. We expect rich nations to show us a good example of how to improve water supply systems and solve climate problems.

この文章を読ませた後,次のような質問をして,その根拠を示させるような問題が考えられます.

1. A great majority of the water on earth contains salt. (T)
2. The Alpine glaciers have been melting owing to a rise in population and are increasing the amount of drinking water. (F)
3. An increase in the world population will make water shortage problems worse. (T)

TFクエスチョン以外の内容理解問題の形式には,空所補充,内容理解多肢選択,英問英答などがあります.

空所補充では,実際に空所に入る語や語句を書かせる方式,選択肢を与えて選ばせる方式があります.ここでは最初の文字を与えて,その単語を完成させるものを例として挙げます.

> Water covers over 70% of the earth's (① s...) and so it is called "The Water Planet." However, 99.99% of the water is undrinkable because it is seawater. About 900 million people cannot get (② s...) water to drink.
>
> Even developed countries have water shortage problems because of poor resource management and global warming. In London, old water pipes are (③ l...) a great amount of water every day. Global warming has caused the Alpine glaciers to (④ s...)
>
> (Answers: 1. surface, 2. safe, 3. leaking, 4. shrink)

このように授業で学習した語彙・文法を使った新しい文章を読ませたり聞かせたりして,内容理解問題に解答させることで,「理解」に関する学習到達目標を達成したかどうかを定期試験で評価することができます.

一方,「表現」の観点としては, この課の内容を理解した上で, 水問題をどう考えるのかを表現させることが考えられます。スピーキングテストが可能であれば, 1人1分ずつ水問題に関しての自分の意見を英語で述べさせて, それで評価することができます。1人1分で, 30人のクラスならば, 50分の授業時間内で十分にテストすることができます。スピーキングを評価する場合, 発音, 英語の正しさ, 内容, 発話の構成, 流暢さ, 発表時の態度・姿勢などが評価対象になります。現在の水に関する事実, 水不足の原因, 対策について自分の考えをうまく表現できるかどうかが重要なポイントになります。

　スピーキングテストを実施するのが難しい場合, 書かせることで「表現」の能力を評価することになります。スピーキングの場合と同じように, 水問題について自分の意見を書く課題を出して, 評価することができます。評価のポイントとしては, 内容, 量, 構成, 文法的正確さなどが挙げられます。

[意見を書かせる回答例]

> 　I would like to express my opinion about the water shortage problem. There are two main causes for this problem. First, some cities waste precious water because of poor resource management. For example, London is leaking a great amount of water because of its old water pipes. It should mend the pipes and stop the leakage. Second, global warming has caused the Alpine glaciers to shrink. We should do our best to stop global warming.
>
> 　Even though we do our best for these two causes, we will not solve the water shortage problem unless we find a way to increase the amount of drinkable water. One way is to change seawater into pure water. In my opinion rich countries should spend more money in developing techniques to change seawater into drinkable water.
>
> 　We cannot live without water. So we should not waste water and try to find a way to increase drinkable water.

理解の能力や表現の能力を評価するときに大切なことは，直接テストを行うことです。直接テストとは，評価したい技能や能力を直接測定するテストです。話す能力をみたいのだけれども，スピーキングテストは大変なので，表現する点では同じである書くテストを代わりに実施したとしたら，試験対策として生徒は話す練習を行わないでしょう。同様に，作文を書かせるテストは採点が大変なので，作文力とある程度相関がある文法のテストで書く能力をみようとしたら，試験対策として生徒は作文の練習をしなくなるでしょう。

　生徒の学習はテストで出題される内容・形式に大きく影響されます。これをテストの波及効果（backwash effect）と言います。このため，真に生徒に身につけてほしい技能や能力があるならば，その技能や能力を直接測定するテスト形式が望ましいのです。スピーキングや作文のテストは実施や採点が大変ですが，生徒のスピーキング力や作文力を伸ばそうとするならば，定期的に実施して，生徒によい波及効果を与えたいものです。

第3部

**4技能別の
「英語で授業を行う」ポイント**

第8章 リスニングを中心とした指導案

　この章では、生徒のリスニング技能を向上させる指導方法を考えてみます。リスニングは、語彙・文法などの言語知識の要素や内容の背景的知識などがその成否に大きく影響します。この点ではリーディングと同じですが、異なる点が2点あります。まず、リスニングでは、情報は一過性で、話し手は聞き直しが可能な場合を除くと、わからなくても繰り返し聞くことができません。さらに、聞き取った内容を理解するだけでなく、聞く活動が終わるまで、重要な情報を記憶しておかなければなりません。

　次に、話す速度は話し手によって決まるので、自分が対話している場合を除くと、聞き手が調整することはできません。リーディングの場合は、重要だと思うところはゆっくりと読めますが、リスニングの場合は速さについていけなければ、理解することができません。例えば、VOA (Voice of America) の速度は、普通の番組で1分間120語、special Englishで90語といわれていますが、スクリプトを同じ速度で読むことは簡単ではありません。このように、リスニングはリーディングと共通することと異なることがあります。このような点を考慮した上で、リスニングの指導方法について考えます。

1．リスニングの過程

　リスニングの過程は、聞こえてくる音を知覚する段階、音を意味ある単位に区切る段階、意味を構築する段階に分かれます。Field (2008) は、リスニングの過程を次ページの図のように6レベルに分けています。

　このモデルによれば、聞き手は、ひとかたまりの音声として聞こえてくる発話をまず音節に分け、次に単語、続いてチャンクへと分けていきます。さらに、統語レベル・イントネーションレベルでの処理をし、最終的な意味を構築します。このリスニングの過程では、語彙と文法の知識をもとにボトムアップの処理がなされますが、発話がなされる状況、発話内容の背景知識などのトップダウンの処理も意味の構築に重要な役割を果たします。

第8章　リスニングを中心とした指導案

図1　リスニングの過程（Field, 2008をもとに作図）

　図の例では，"Do you speak English?" と話しかけられた場合，"Yes"や "No" だけでなく，発話の状況に応じては "Hello" とか "Please ..." と返答することが適切であるという意味構築がなされることもあることを示しています。英語学習者のリスニングでは，これらのレベルでつまずく可能性があります。したがって，それぞれのレベルでの指導が必要になります。

2．リスニングの指導
1）リスニング指導の方法

　リスニング指導は，プレリスニング，インリスニング，ポストリスニングの3段階で行うことがよいとされています（Underwood, 1989）。プレリスニングでは，生徒がこれから聞くことに動機付けられるように，背景知識を活性化する活動，内容を予測する活動，聴解に不可欠な語彙や文法の指導を行います。インリスニングでは，生徒が目的を持って聞くことに集中できるように聞く目的を与えます。聞く目的はタスクの形式で与えら

れ，生徒が正しく聞き取りができたかどうかは，タスクの答え合わせによって判断します。ポストリスニングでは，聞いたことをもとに，さらにリスニングや他の技能を発展させる活動を行います。

　しかしながら，このようなリスニング指導に対する批判もあります。その批判は，リスニングはテストすることはできるが，指導することはできないという言葉に集約できます。Field (2008) は，プレリスニングの時間を短くして，インリスニングで聞き取れないところの指導を充実すべきであると主張しています。具体的には，タスクの答え合わせのときに，生徒が間違えた場合に，そのように考えた根拠を示させ，聞き取れない原因を特定し，その聞き取れない部分に対する指導を行うというものです。

　筆者は TOEIC 対策のリスニングの授業を担当したことがあります。当然のことながら，聞き取れる学生は正解できますが，聞き取れない学生は正解できません。正解できない学生がどこでつまずいているのかを知るために，答え合わせをした後に，もう一度問題の音声を聞かせ，すべて書き取らせる活動を取り入れました。1文毎にテープを止め，書き取る時間を与えます。同じ文を3回ずつ聞かせて書き取らせます。いくつかの文を書き取らせた後，学生を指名して答えを板書させます。これは学生がどこでつまずいているかを明確に示してくれました。

1. *I'd like to come from my reservation.
2. *My brother is coming this we can.

　1は I'd like to confirm my reservation. という文で confirm という単語を知らないために，知っている come と from が聞こえたと書いたようです。2は My brother is coming this weekend. が正しい文です。学生は weekend という単語を知らないとは考えられません。しかし，その発音をカタカナ語の「ウィークエンド」として覚えていたら，英語の weekend は聞き取れないかもしれません。やはり知っている単語を組み合わせて，we can と聞こえたと考えたようです。

　このように，文を聞いて書き取らせるディクテーションは，学習者がどこでつまずいているかを明らかにしてくれます。このような学習者がリスニング能力を高めていくためには，正しい発音で語彙力をつけることが最も重要であることが示唆されます。そして，常に学習者が音声の英語のイ

ンプットに触れる機会を増やすことも大切です。このことを念頭に入れて，次に英語を正しく聞き取ることができるように導く指導，リスニング能力を伸ばすために大量のインプットを与える授業を考えてみましょう。

2）ボトムアップ音声処理を効率的にする指導

上にあげた weekend のように知っている単語であっても正しい発音で覚えていないと聞き取ることができません。また1つ1つの単語としては正しく発音できても，フレーズや文になり，強弱のリズムに抑揚がつくと聞き取れなくなることがあります。このようなボトムアップの音声処理が効率的にできるような指導を考えてみます。

まず音素レベルで異なる音素を区別できるようにする指導があります。これらは1つの音素だけが異なるミニマルペアと呼ばれるものです。これらの単語を聞き分けられるようになるには，正しい発音を教え，生徒自身が正しく発音できるようにする指導が必要です。教師の発音だけでなく，英語母語話者の発音も聞かせて，違いに慣れさせるとよいでしょう。

h__ea__rt	h__u__rt	l__ar__k	l__ur__k
sh__ee__p	sh__i__p	h__ea__t	h__i__t
__r__ate	__l__ate	__r__ead	__l__ead
__b__an	__v__an	__b__et	__v__et
ro__se__	road__s__	car__s__	card__s__

次に，発話の中の音の変化に慣れさせる指導を考えます。発話の中では，単語が単独で発音されたときとは違う変化が生じます。佐藤（2013）は，音の変化として以下の4つを挙げています。

①連結（linking / liaison）つながる音：2語が1語のように聞こえる
　例）I'd like to check out now.
②同化（assimilation）1つになる音：前後の音に影響され変化する
　例）I'll let you know.
③脱落（elision）聞こえなくなる音：音がなくなるが脱落した部分に「間」ができる　例）That's up to you to decide.
④弱化（weakness）弱くなる音　例）Do you know him?

このような変化に対応できるようにするには，音素の場合と同じように，まず正しい発音を聞かせ，それを生徒が自分で言えるように練習させることです。

3）音声インプットを増やす英語の授業

　英語で教える授業では，教室内の使用言語は英語になります。生徒は，音声教材に加えて，教員が教室で使う英語（teacher talk），生徒同士の英語（peer talk）などの教室内英語を大量に聞くことになります。授業を英語で行えば，生徒が英語を聞くインプット量は格段に増えます。リスニング能力を向上させるために，たくさんの英語を聞く方法として，英語で授業を行うことは有効です。授業の始めのスモールトークはよい方法です。

　効果的なリスニング力をつける活動は，オーラル・イントロダクションです。この活動は，生徒がすでに知っている易しい単語や構文を使って，本文の内容について教師が生徒に英語で説明します。生徒は，教科書を閉じたままで教師が話す英語に集中します。教師は，時折質問を交えながら，生徒の理解度を確認しつつ，教材の導入を行います。毎時間のこの積み重ねが，リスニングによるインプットの量を増大させていくことになります。

4）英語母語話者の音声によるリスニング指導

　教師の英語には慣れて聞き取ることはできるが，英語母語話者の英語は聞き取れないという生徒は多いものです。大学入試センター試験のリスニングテストや各種資格試験も英語母語話者による録音ですから，生の英語に慣れさせる必要があります。ALTの授業が多い学校ならば申し分ありませんが，そうでない学校は市販のリスニング教材を使った指導や教科書付属のCDを使ったリスニング指導を考える必要があります。

　ここでは実際のコミュニケーション英語Iの教科書とその付属CDを使ったリスニングを中心とした授業の指導案をみていきましょう。

　次の授業指導案では，教科書本文の聞き取りを目標にします。教科書の英文は，書き言葉なので，話し言葉に特有の言いよどみ，ポーズ，繰り返しなどの余剰性に欠けています。したがって，何回か聞いて理解できればよいと考えます。

　オーラル・イントロダクションは，プレリスニングに相当する活動です。

ここでは内容と comfortable, negative, appetite という新出単語を導入します。

　２回のインリスニングはTFからQAへと難易度を上げています。いずれも聞かせる前に，TFやQを与えておいて，その答えを見つけるために聞くという目的を与えることが重要です。

　説明は，教科書を開いての解説になります。文構造が複雑な文，代名詞の照応，英語に独特な表現などは，日本語で解説してよいでしょう。しかし，日本語を使う時間は最大で10分以内に収めます。

　音読は，学習した新出単語や表現，構文を定着させるのに有効な活動です。授業だけでは不十分なので，宿題に課すとよいでしょう。

　ディクテーションは，インリスニングのTFやQAの答えと関連する文を書き取らせます。生徒が自分で何が聞き取れて，何が聞き取れないのかがわかり，どのような対策をとればよいのかがわかります。例えば，新出単語が聞き取れなければ，それらの語の聞き取り，書き取りの練習が有効です。１語１語は聞き取れるが，語句がつながると聞き取れない生徒は，そのような語句の発音練習，聞き取り練習が必要でしょう。指導案では黒板で答え合わせをして終わりとなっていますが，それぞれ書き取ったノートを提出させるとよいでしょう。

リスニング中心の授業指導案

授業者：〜

Ⅰ．日時：〜年〜月〜日　〜時限
Ⅱ．クラス：〜年〜組　〜名（男子〜名，女子〜名）
Ⅲ．教科書：Lesson 7　"The World of Colors", Part 1 (*Compass English Communication I Revised*, pp.84-85)
Ⅳ．本時の目標
　１．色は私たちの気持ちに影響することとその具体例を英語を聞いて理解する。
　２．英語が聞き取れない理由を見つける。

V．観点別評価規準

観点	コミュニケーションへの関心・意欲・態度	表現の能力	理解の能力	言語や文化についての知識・理解
評価規準			本文の要点や概要を聞いて把握できているか。	英語の音の脱落・連結・同化など英語が聞き取れない理由がわかるか。
評価基準			教科書 p.102の図にいくつ単語を記入できるか。6語でA，4～5語でB，3語以下でC。	ディクテーションで聞き取れない部分を見つけ，すべての箇所についてその理由がわかればA，半分の箇所についてわかればB，まったくわからなければC。

VI．指導手順

時間	教師の活動	生徒の活動	備考
2分	1．挨拶		
5分	2．オーラルイントロダクション Look at my suit. What color is it? Yes, it's blue or dark blue. I like blue because I look smart when I wear something blue. So I feel comfortable when I see something blue. (comfortableと板書する) "Comfortable" means "feeling good."	Blue. Dark blue.	

	Repeat "comfortable." On the other hand, you may feel bad when you see some colors. You have a negative feeling. (negative と板書する) "Negative" means "bad." Repeat "negative." Are you hungry now? Then you can eat a lot. You have a good appetite. (appetite と板書する) Repeat "appetite." Good. Now you are going to listen to the CD.	comfortable negative Yes, I'm hungry. appetite	
5分	3．インリスニング・1 Please find these statements are true or false. (次の文をプリントで配る。または板書する。CDをかける。) 1) Our mood may change when we see a color. (T) 2) We want to eat something when we see cool colors. (F) 3) We can concentrate in a room of cool colors. (T) 4) We may feel happy when we see cool colors. (F) CDを1回聞かせた後，ペアで答え合わせをさせる。その後2回目を聞かせ，全体で答え合わせをする。	CDを聞き，TFに答える。1回聞いた後，ペアで答え合わせをする。 指名された生徒が答えを言う。	教科書は閉じさせておく。
7分	3'．インリスニング・2 Now you are going to listen to the CD again. This time please find answers to the following questions. (次の質問をプリントで配る。または板書する) CDをかける。	1回聞いた後，ペアで答え合わせをする。	教科書は閉じさせておく。

	1) What are warm colors? (red, orange, and yellow) 2) What colors make us quiet? (cool colors: blue, purple, and green) 3) In which room can you study more, in a warm color room or a cool color room? (in a cool color room)	指名された生徒が答えを言う。	
8分	4．説明 Now open your textbook to page 84. Line 1, "Have you ever been green with envy?"（顔が緑で描かれている人のイラストを用意して）なぜこの人は顔が緑なのでしょうか。envy とはどういう意味かな。 そう英語では緑色は,「嫉妬」とか「妬み」を表す色なんだね。 Line 5, That's because colors can affect our mood. affect はどういう意味かな。 そうだね。色は私たちの気持ちに影響するね。 Line 10, They are also colors ... What does this "they" refer to? Exactly. So warm colors can increase appetite. Do you want to eat something when you see something orange? Yes? A-kun, you're always hungry, aren't you? ...	嫉妬，妬み 影響する Warm colors	
8分	5．音読 Now let's practice reading the textbook aloud. Repeat after me. OK, now practice reading on your own. Stop practicing. B-san, could you read	教師の後に続いて音読。 各自音読練習する。	教室を回り，必要に応じて発音の支援をする。 誤った発音

	the first and second paragraphs? Very good.	個人読み。	はその場で直す。
13分	6．ディクテーション Now you are going to dictate the sentences you hear. Close your textbooks. Please write down the sentence you hear. You are going to listen to it three times. 1) That's because colors can affect our mood. 2) They are also the colors that can increase appetite. 3) Cool colors (blue, purple, and green) calm us and increase our concentration. Please check with your partner. Now I'd like some of you to write your sentences on the board. No.1, C-kun. No.2, D-san. ... Please write on the board. You listened and wrote the sentences correctly. Very good. Some of you may not have correctly written the sentences. Please think about the reason why you made mistakes. And try to deal with it. Then you will be able to listen more accurately.	CDで聞いた文を書き取る。 ペアで答え合わせをする。指名された生徒は黒板に書く。	1文ごとにCDを止めて，書く時間を与える。 1～4の文を書く場所を黒板で指定しておくとスムーズに授業が展開できる。
2分	7．まとめ Today we learned how colors affect our mood. I'd like you to think about your favorite color and the reason why you like it.		

第9章 リーディングを中心とした指導案

1．リーディングの過程

　リーディングは，書き手が相手に伝えたい内容を表現し，読み手が書かれた情報を読み取り，メッセージを再構成するコミュニケーション活動です。土屋・広野（2000）は，リーディング活動を以下のように図解しています。読み手の再構成活動では，語彙，文法という言語知識だけでなく，内容についての背景知識が必要です。読み手が書き手と同様の語彙，文法知識，背景知識を持っていれば，書き手の意図を読み取れますが，いずれかが不足すると情報の共有が難しくなります。また同じトピックでも，人それぞれ異なる背景知識を持っています。そのため，書き手の意図と読み手が再構成した情報が微妙にずれてしまうこともあります。

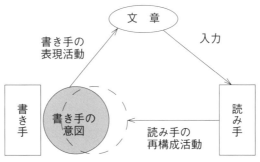

図1　リーディングの活動（土屋・広野，2000）

2．リーディングの目的

　リーディングの目的について考えてみましょう。私たちは何かを読むときに，読む目的を達成する読み方をします。読み方は大きく2つに分けられます。「情報を求めて読む（reading for information）」と「楽しみのために読む（reading for pleasure）」です。情報を求めるための読みは，求めるものが概要のみ，細かい情報のみ，その両方というようにさらに分類できます。例えば，新聞記事ならば，見出しを読めばトピックがわかり

ます。見出しに興味を引かれて，書き出し（lead）を読めば概要がわかります。より詳しい情報が欲しいときは，本文に目を通します。求める情報が得られれば，リーディングの目的は達成されます。逆に言えば，さまざまなリーディングの技能を駆使して，求める情報が得られるように読みます。それに対して，楽しみのための読みは，特定の情報を得るためではなく，リーディングの活動そのものを楽しむための読み方です。

　リーディング指導では，目的を達成するのに合った速度と深さで情報を探せるように導きます。例えば，薬の飲み方のような場合，一字一句，正確に読む必要があります。これがまさに精読と呼ばれる読み方です。また，旅行のパンフレットを読む場合は，自分の目的地，交通手段，予算など，自分に必要な情報だけを拾い集めます。すべてを精読していたら，せっかくの旅行も，計画を立てる時間がかかりすぎてしまいます。この読み方は，スキャニング（情報検索読み）と呼ばれています。さらに，物語や小説を読む場合は，場面や要点概要を把握しながら読みます。要点概要では5W1H，すなわちWho（誰が），What（何を），When（いつ），Where（どこで），Why（なぜ），How（どのように）に該当する情報を読み取りながら，話の展開を追います。この読み方は，スキミング（概要把握読み）と呼ばれています。

　どの読み方をとるかは，テキストのジャンルによって異なります。基本的な読み方が定着した後で，より発展的な読み方を取り入れましょう。

3．リーディング指導の3段階

　授業におけるリーディング指導は，プレリーディング，インリーディング，ポストリーディングの3段階に分けられます。

1）プレリーディング

　プレリーディング活動は，主に3つの目的があります。

①読むことの動機付けをする

　どのようなテキストを読むのか，読むことによってどんな情報を得るかを意識させて，読んでみたいという気持ちを起こさせます。

②テキストの内容を予測させる

　テキストにどんなことが書いてあるかを，タイトル，見出し，写真，絵などを使って学習者に予測させます。教師が，オーラル・イントロ

ダクションで説明するのが理想とされます。
③語彙や文法などの困難点を取り除く
　　読みの活動の障害となる言語材料について，あらかじめ説明しておいて，学習者が読みの活動そのものに専念できるようにします。
未知語に関しては，以下の対応が考えられます。

①生徒に推測させる語：本文の理解に不可欠で，推測が可能な語
②教師が教える語：別な語に置き換えが可能な語
③無視する語：本文の理解に不可欠でない低頻度語

　プレリーディングでは，②の本文の理解に不可欠で教師が教えた方がよい語を導入します。①の生徒に推測させる語は，インリーディング活動の一環としてタスクの中で取り扱います。

2）インリーディング
　読みの目的を与えて，生徒が実際に英文を読む段階です。教師の役割は，生徒が読む目的をタスクの形で提示することです。タスクは，教師からの口頭やワークシートにした発問です。教師の発問に関して，田中・田中 (2009) は特に高校の英語の授業でよい発問を作り出すポイントとして4点を挙げています。生徒への発問作りの指針になります。

①教材の本質を突いているか？
　　テキストがもつ真意に関する発問か
②生徒に気づかせているか？
　　生徒が教材の本質の部分に気づかせる発問か
③意外性があるか？
　　生徒が理解できていない点に気づかせ，知的好奇心をくすぐる発問か
④多様性を引き出しているか？
　　生徒からどんな答えが返ってくるかわからない発問か

　インリーディングの最初のタスクとして，文章の概要を読み取らせる質問をします。学習指導要領は，「説明や物語などを読んで，情報や考えな

どを理解したり，概要や要点をとらえたりする」としています。一般的なタスクとしては，本文の概要をTrue or False形式の質問にして与えます。

文章の概要が把握できた後では，文章の細かい情報を読み取らせるタスクを設定します。この段階での発問をより具体的にするため，語レベル・文レベル・パラグラフレベル・談話レベルの4段階で考えてみましょう。発問は，テキストのジャンル，文体，文法的な複雑さ，パラグラフの展開などにより，どこに質問のポイントを置くか，十分な検討が必要です。

表1　段階に応じた発問内容

語レベル	多義語，未知語の品詞や意味
文レベル	主語と動詞の識別，意味のまとまりの確認
パラグラフレベル	結束関係，一貫性，談話標識，談話構造
談話レベル	

(a) 語レベル

語レベルでの読み取りでは，未知語に出会った場合に，学習者がどのように対応するかによって読み方が異なります。Nation（1990）は，未知語の推測について以下の5段階で手順を示しています。

ステップ1　未知語の前後関係から品詞を決定する。
ステップ2　未知語を含む節や文から，未知語の統語的特徴をつかむ。
ステップ3　未知語を含む節や文と他の文やパラグラフとの関係をつかむ。
ステップ4　意味を推測する。
ステップ5　文に当てはめて推測した意味が正しいかどうかを確認する。

多義語の場合，どの意味が文脈に合うかを選べることも重要です。中核的意味と周辺的意味のいずれかを見分ける発問も工夫しましょう。

(b) 文レベル

文レベルでは，主部と述部，主語と動詞の識別が最も重要です。特に主語が長い場合や，関係代名詞などで後置修飾がある場合は，難しくなります。また，意味のまとまりを意識することも必要です。フレーズリーディングの要領で，文を何カ所で区切るのか指示して，生徒に区切らせる練習

も効果があります。文を意味単位に区切る規則は，特にありませんが，音読時に息つぎをする区切り方が援用できます（小川編，1982）。

> ①「前置詞＋名詞」はひとまとめにする
> ②「to＋動詞＋目的語（など）」はひとまとめにする。
> ③接続詞，疑問詞，関係代名詞などの前で区切る。
> ④長い主語はひとまとめにする。
> ⑤場所や時間などを表す副詞句はひとまとめにする。
> ⑥句読点のあるところで区切る。

次に，文が一般的な事実（fact）なのか，筆者の意見（opinion）なのかを区別できることも重要です。意見を述べる場合は客観的な事実を根拠にしますが，意見と事実を混同しやすいこともあります。どこまでが事実で，どこからが筆者の意見なのか，生徒の注意を喚起しましょう。

(c) パラグラフレベル

説明文や論説文などの場合は，パラグラフ構成がきちんとできていますから，トピックセンテンスを探します。物語の場合は，５Ｗ１Ｈに関する情報を中心に，概要を読み取ります。

さらに，文法の結束関係を読み解きます。例えば，代名詞（itやtheyなど）が何を指すか，名詞による言い換え表現が何を指すかなどを読み取ります。

(d) 談話レベル

テキストの意味的な結びつきを表す一貫性や談話構成に注意させます。談話標識（ディスコース・マーカー）は，複数のパラグラフが一貫性を保つために使用される接続詞（句）や副詞のことです。例えば，therefore, first of allなどは，そのパラグラフが直前のパラグラフとどのような関係になっているかを判断する上での標識になります。談話構成は，談話の流れがどのような修辞法に従っているかです。例えば，年代順，位置関係，原因と結果などがあります。

3）ポストリーディング

読んだテキストの内容や表現を再確認し，定着を図るための活動です。

（a）表現読み

　教師の範読に続いて，読みの練習をします。その後，テキストの内容が聞き手に伝わるように意識しながら音読します。この活動は，オーラル・インタープリテーション（oral interpretation）とも呼ばれています。

（b）リード＆ルック・アップ

　読んだ内容を音読して，暗唱を目指して行う活動です。機械的な活動ですが，スピーキングに発展させる基本練習となります。

（c）シャドウイング

　テキストに附属したCDの範読に続いて，教科書を見ないで繰り返す練習です。リード＆ルック・アップよりも，やや高度な活動です。事前の音読の活動を充実させることが重要です。

（d）要約文の作成

　読み取った内容を要約して書かせる活動です。テキストが，どんなジャンルでも，要約文を書くことは可能です。しかし，テキスト本文の不要な部分の削り方，複数の部分のつなげ方などの技法を指導し，普段から書くことに慣れさせておくことが必要です。

（e）読後の感想文の作成

　読み取った内容に対して，自分の感想や意見を英語や日本語でまとめます。特に物語文では，学習者から多様な感想が戻ってくると期待できます。

4. リーディングの指導案

　以下，リーディングを重視した授業を設計しましょう。4技能が統合された授業では，あらかじめオーラル・イントロダクションで概要を与えます。一方，リーディングを重視した授業では，まず教科書本文の内容を易しくまとめた英文を読ませます。教師が自分で要約版を作ってもよいですが，教授資料には課全体やパートごとの要約がありますので，これを活用します。

　通常は，各課をパートごとに1時間をあてますが，パートごとに1時間をかけていては，1回の授業で読む量は200語程度にしかなりません。私立大学の入試問題は，1000語を越える場合もあります。そのため，普段から，一度に長い英文を読み切る機会を与えます。この指導案では，金谷他（2004）を参考にして，3段階に読む方法を紹介します。

1）プレリーディング

　新教材の導入として，プレリーディングの活動を行います。*Genius I* Lesson 8の最初のページにあるウォームアップの活動を導入します。新教材のテーマに関する簡単なリスニングの問題と，本文テキストのキーワードの定義を選択する問題に解答させます。時間に余裕があれば，このページの写真を取り上げ，水をくみに来た人々が列を作って順番を待っている場面に関して，英問英答を行います。1時間をかけて，じっくり導入を図ることもできますが，この指導案では教科書の設問を中心にして，軽く済ませることにします。

2）インリーディング
(a) 1st リーディング（簡約版）

　本文を読むための準備が整ったところで，新教材を導入します。Lesson全体を要約した英文をプリントにして配布します。本指導案では，テキストの内容を既習の言語材料を使って易しくまとめたオーラル・イントロダクション用の英文（p.104参照）を読ませます。英文は，教師自身が書いてもよいのですが，教授資料にある課全体の要約文を使用し，新出語やイディオムはできるだけ既習のものに入れ替えます。全体の概要が理解できるような英文（119語）にします。

　この英文を読んで，Summarizing（p.104参照）の問題に解答させます。空欄に補充する情報は，本文にすべては出ていませんので，いくつかの空欄は回答できません。5カ所の空所のうち，答えを入れられるのは3カ所です（1. planet, 2. warming, 4. water）。この図を見ながら，英文の流れを把握させます。

(b) 2nd リーディング（簡約版）

　1st リーディングよりもやや長めの要約（186語，p.105参照）を準備します。2回目のリーディングは，2ndリーディング用の186語に語数を増やした要約文をハンドアウトとして配布します。2ndリーディングの要約文は，1st リーディングと同じハンドアウトでもよいのですが，それぞれ分けて準備した方が活動に集中できると思われます。今回は，Summarizing の設問のうち，さらに2カ所（4. importers, 5. save）に

第9章　リーディングを中心とした指導案

□2nd Reading

　The Earth is called "The Water Planet," but almost all of its water is seawater. Only 0.01 percent is good for drinking. One eighth of the world population cannot drink safe water. The WWF says poor resource management and global warming are leading to water shortage. A rapid increase in world population and a global water shortage will both happen in the future.

　Wealthy countries indirectly use the water of the developing world. Water is needed to produce fruit, vegetables, clothing and even cars. This water, which is used for production, is called "virtual water." For example, 1 kilogram of wheat needs about 1,300 liters of water. A bowl of *gyudon* needs about 2,000 liters of water.

　Japan imports 60 percent of its food. Japan is one of the largest importers of virtual water in the world.

　It is important to save water, and to manage water in a better way. But this might not be enough. One possible way is the use of technology to remove the salt from seawater. Researchers and engineers have been trying to find better, cheaper methods for making pure water. (186 words)

［2時間目の配布問題］

Say T for True, F for False
Part 1
　1. Some of the richest cities are using more water than they can supply.
　2. Global warming is the only reason for water shortage.
Part 2
　1. To produce egg requires more water than the same weight of beef.
　2. When we eat a bowl of *gyudon*, we consume 2,000 liters of

        virtual water.
    Part 3
        1. Japan doesn't have to import a lot of water because we have plenty of water.
        2. Exporter countries of virtual water are water-rich countries.
    Part 4
        1. "Reverse osmosis" seems to be the best method to remove the salt from seawater.
        2. Osmosis put pressure on the salt water to get the pure water.

［3，4時間目の配布問題］

Part 1
    1. What does "it" mean? (p.94, l.3)
    2. What does "aging" mean? (p.95, l.1)
Part 2
    1. What does "those goods" include? (p.96, l.3)
    2. Explain "virtual water" in Japanese. (p.96, l.8)
Part 3（意味のまとまりごとに斜線(/)を入れなさい。）
    1. Its annual rainfall is about 1,700 mm, which is twice the world's average.
    2. If you have the impression that there is no shortage of water here, that is because Japan imports a very large amount of water, in the form of food, from overseas.
    3. All this importing of various kinds of food makes Japan one of the largest importers of virtual water in the world.
Part 4
    1. What does "that" refer to? (p.100, l.2)
    2. What does "one" mean? (p.100, l.2)

第9章　リーディングを中心とした指導案

リーディング中心の授業指導案

授業者：〜

Ⅰ．日時：〜年〜月〜日　〜時限
Ⅱ．クラス：〜年〜組　〜名（男子〜名，女子〜名）
Ⅲ．教科書：Lesson 8 "Water Crisis"（*Genius English Communication I Revised*, pp.93-103）
Ⅳ．時間配当
　　第1時　課全体のプレリーディングの活動と概要の把握（本時）
　　第2時　各パートの新出語とイディオムの意味を確認
　　第3時　各パートの要点や細部の正確な意味の確認
　　第4時　各パートの要点や細部の正確な意味を確認
　　第5時　課全体の課題（DiscussionかProject）
Ⅴ．本時の目標：
　　1．水不足について，何が問題なのか興味関心を持つ。
　　2．水不足の原因とその解決策に関する概要を理解する。
Ⅵ．観点別評価規準

観点	コミュニケーションへの関心・意欲・態度	表現の能力	理解の能力	言語や文化についての知識・理解
評価規準	積極的に読む活動に参加しているか。	内容理解の質問に対して，適切に答えられるか。	本文の要点や概要を把握できているか。	先進国と発展途上国の水の消費状況が理解できたか。
評価基準	（自己評価）水不足に対して興味関心が高まったらA，漠然としていたらB，興味がわからなかったらC。	単語を正確に綴れていればA，1〜2語の誤りでB，3語以上の誤りでC。	教科書p.102の図にいくつ単語を記入できるか。6語でA，4〜5語でB，3語以下でC。	（自己評価）水不足の原因を3つ言えたらA，2つ言えたらB，1つ言えたらC。

Ⅶ．指導手順

時間	教師の活動	生徒の活動	備考
5分	１．挨拶 Good morning, class. It is very hot today. Which do you prefer to buy, a sports drink or mineral water? You can drink tap water, so why do you buy water?	Good morning, ... Mineral water. Mineral water is good for health. We can bring a bottle of mineral water.	
5分	２．ウォームアップ Before reading the new lesson, let's work on the warm-up section, first of all, the listening comprehension section. Listen to the CD and choose the best answer. OK. No.1 Which is the correct answer? Certainly, good. Now, No 2. (No.3まで続く) Let's move on to the preview of key words. Choose a word or phrase for each definition. How about No.1? Good. (No.5まで続く)	CDを聞く。 a, b, c OK. Global warming.	問題にいくつ正答したか。 問題にいくつ正答したか。
7分	３．1stリーディング Now I will give you a handout. You can start with the 1st reading. Read the passage and complete the chart on p.102. Time is up. Work in pairs and check your answers. How many blanks did	要約文を読みながら，図を完成する。 図に入れた単語を答える。	プリントを配布。 机間支援。 生徒を助ける。 必要に応じて教科書本

	you fill in?		文を参照させる。
8分	4．2nd リーディング Next try the 2nd reading section. Read the passage and continue working with the chart on p.102. Time is up. Work in pairs to check your answers. How many blanks did you fill in? Good job, everyone.	読みながら図を完成する。 図に入れた単語を答える。 We filled out every blank.	机間支援。発音などの指導を必要に応じて行う。 必要に応じて教科書を参照させる 問題にいくつ答えられたか。
10分	5．3rd リーディング Finally, you are ready to do the textbook exercise. Read the whole passage and complete the chart. Time is up. How many blanks did you fill in? Good job, everyone.	教師の指示を聞く。 読みながら図を完成する。 図に入れた単語を答える。	机間支援。生徒が書くのを援助する。
3分	6．Chart の解答 Stop. Go back to your seat. Let's check the answers of the chart question. What is the missing word for No.1? Good. Why did you think "crisis" is missing? Exactly.（No.6まで続く）	Crisis? Because the title is "Water Crisis."	

10分	7．音読 Now let's practice reading the passage. First why don't we start with the 1st reading? Let's continue with the passage of the 2nd reading.	教師の後に続けて音読。 教師の後に続けて音読。	大きな声で音読できたか。 内容を相手に伝えるような気持ちで音読できたか。
2分	8．まとめ （次時の予告）	Bye-bye, Mr / Ms ～.	

第10章 スピーキングを中心とした指導案

1．スピーキングの過程

　私たちが母語で話をする時，言いたいことを発するまでの過程を意識することはありません。それはほぼ瞬時に，自動的に行われる過程です。しかし，この時に頭の中で起こっていることはかなり複雑な過程なのです。Levelt（1989）は，言語産出までの過程を概念化，言語化，調音という3つの段階に分けて説明しています。まず何か言いたいことが頭に浮かぶと，話者は話の流れの中で，最も相手に伝わりやすいと思う概念を，自分の背景知識を使って思い浮かべます（概念化）。次にこの概念を伝えるために必要な語彙を求めて，心内辞書（mental lexicon）にアクセスします。必要な語を選ぶとともに，統語的・意味的規則に従って必要な語形変化を行い，正しい語順に並べます（言語化）。これを音声化するため，具体的に筋肉や神経へ指示が行われ，発話がなされます（調音）。発話されたものを聞いて，話者はこの発言が場にふさわしいかどうかを，概念化が行われる部分でチェックします。私たちが意識的に行えるのはこの概念化の部分のみであり，その他の言語化，調音は処理が自動化され，話者の意識的な制御は及ばない部分とされています。

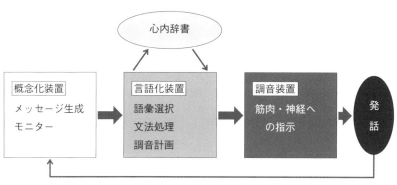

図1　スピーキングの過程（Levelt, 1989を基に簡略化）

2．スピーキングの目的

　学習指導要領に従えば，スピーキングの目的は「情報や考えを（口頭で）適切に伝えること」となります。口頭で何かを伝える時，もうすでに伝える内容が決まっている場合と，その場で浮かんだ考えを伝える場合があります。前者には仕事における作業の指示，会議の結果報告，結婚式でのスピーチなどが考えられます。後者には，会議や討論中での発言，仲間内でのおしゃべりなどがあります。教室では，この2種類のスピーキングを練習させる必要があります。音読練習や，暗記したものを口頭で言わせるような練習から，次第に自由に発言させる活動をしていくことになります。

　第二言語におけるスピーキングの難しさを考慮すれば，最初から正確性を求めることは非現実的です。生徒の発表能力（話す，書く）は受容能力（聞く，読む）に比べて未発達です。間違いながらも少しずつ向上していくものだ，という寛容な態度が教師側には求められます。まず教師がふんだんに話し言葉のインプットを与えること。単語の発音などのスピーキングを支える基礎技能を育て，発表語彙を増やすこと。そして生徒に話す機会を与えること。この3つを地道にやっていくことです。まずは流暢性（量）を優先させ，間違ってもいいからとにかく使ってみるように生徒を励ましていきましょう。

3．スピーキング指導の3段階

　ここでは，生徒のスピーキング力を向上させるために何をすべきかを具体的に挙げてみます。先に述べたように，1）話し言葉のインプットを与える，2）話すための下位技能を育て，発表語彙を増やす，3）生徒に話す機会を与える，の3つに大きく分けて扱います。

1）話し言葉のインプットを与える
(a) 教室英語を教える

　教室における教師から生徒への指示，生徒から教師への要請，ペアやグループで活動するときの決まり文句などは折に触れて指導しておき，英語でスムーズに活動ができるようにしておきます。大修館書店の「英語表現I」用教科書，*Departure English Expression I Revised* では，最初にそうした教室英語（Classroom English）の例を載せています。

・先生から生徒へ

Open your textbook to page 25. / Practice in pairs. / Make a group of four people. など

・生徒から先生へ

Would you say that again, please? / How do you spell ...? / How do you say ... in English? など

・ペアやグループで

What's your opinion? / Would you share your textbook with me? / I'll be the moderator. など

すぐに言いたいことが出てこない場合に使用するフィラー(Well ..., Let me see ...) なども教えておく価値があります。生徒からも意見を聞き、役に立つ表現をクラス全体で共有するようにしましょう。

(b) ティーチャートークを活用する

普段は使用しない外国語を教科書で学ぶ場合，どうしても不足するのが日常的な話し言葉のインプットです。日常会話では，かなりの部分を定型的な表現が占めることがわかっています。教師がこうした定型表現を意識的に使用し，話し言葉のインプット不足を少しでも補うようにしたいものです。以下，教室で使えそうな例を挙げてみます。

［ティーチャートークの例］

> 「〜とはどういう意味かな」What do you mean by 〜?
> 「あせらないで」Take your time!
> 「違うもの（仲間外れ）はどれですか」Which is the odd one out?
> 「ヒントをあげます」I'll give you a hint.
> 「それで思い出したかな？」Did it ring a bell?
> 「要点を言ってください」Get to the point!
> 「考え直してみたら」You might want to think it over.
> 「すばらしい」Good! / Good job! / Wonderful! / Excellent!
> 「その調子だ！」Way to go! / Keep it up!
> 「その通り！」You can say that again! /
> 　　　　　　You've hit the nail on the head!

こうした口語の定型表現に自信のない方には，NHKのラジオ英会話番組などを定期的に聴取することを勧めます。英語の映画やドラマを見るよりはるかに効率的に「使える表現」を採取することができます。

2）話すための下位技能を育て発表語彙を増やす
(a) 発音練習をする
　英語を話すためには，自信を持って英語の音声を産出することができなければなりません。少なくとも相手に理解してもらえる英語の発音で話す必要があります。一度に長くやる必要はありませんが，時間を区切って毎回集中的に行います。
　発音練習は「音素レベル」，「単語レベル」，「文レベル」の3段階の訓練を必要に応じて行いましょう。「音素レベル」では，日本語にない音素（[f]，[v]，[θ]，[ð]，[r]，[l]）などを正しく発音できるように指導します。「単語レベル」では音節を意識させましょう。靜（2009）で紹介されている「ポンポンパターン」が参考になります。たとえば，stríkeは一音節なので「ポン」という一息のリズムで発音させます。reg・rétなら2音節で後ろに強勢があるので「ポ・ポン」，béau・ti・fulなら3音節で「ポン・ポ・ポ」という具合です。強勢のあるところを「高く・長く」発音するように意識させます。「文レベル」では文強勢を意識させます。強勢のある内容語は高く・長く発音させ，そうでない機能語は低く・短く発音させます。そして，強勢のある部分がなるべく等間隔になるように発音させます。どの音節も同じ長さで発音する（syllable-timed）日本語のリズムから，強勢のあるなしで音節の長さが変わる（stress-timed）英語のリズムへと変換させることが肝要です。

(b) 発表語彙を増やす
　日常会話のおよそ9割は，最もよく使用される高頻度語2000語で占められると言われています（Nation, 2001など）。自分で使うためには，単語の意味を知っているだけでは不十分です。その語がどのような文型を取るのかという文法知識，他のどういう語と共に使用されるかというコロケーションの知識，どういう場面で使用されるかという使用域の知識などが必要になってきます。話すためには，高頻度語の知識を深めて，自分で使え

る語彙（発表語彙）にしなくてはなりません。高校卒業までに，まずは中学校で習った語彙を，続いて高校1年生までで習う語彙を発表語彙にすることを目標にするといいでしょう。中学と高校1年で習う語を，中学で習う構文を使って話せることが，高校卒業までの1つの目安となります。

3）生徒に話す機会を与える
(a) 定型的な練習をさせる
　自由に話す前に型の習得は欠かせません。例文や有名なスピーチの暗唱，スキットを感情をこめて演じさせる，教科書を音読させる，などの活動が有効です。大切なことは，すでに意味を理解したものを音声化させるということです。内容を表面的に理解させるだけでなく，発話者の心情などを理解させた上で取り組ませましょう。

○教科書本文を音読させる
　　やり方をさまざまに変えて音読させます。強勢，イントネーション，連結・脱落・同化のような音の変化などできるだけ自然な英語の音声に近づけるように練習させましょう。
○基本例文を言わせる。
　　授業で習った文法事項を含む例文を取り上げ，日本語訳と共に並べたハンドアウトを作成しておきます。左側に日本文，右側に英文を配置します。個人やペアなどで，日本語を見てすぐに英語が言えるように練習させます。第3章の「ウォームアップ」でも取り上げていますが，例文を聞いてすぐに否定文や疑問文に変えさせる活動も効果的です。
○チャンツ，マザーグース，歌を使って
　　チャンツとは日常の話し言葉を本来のストレスやイントネーションを崩さずに，リズムに乗せて言うものです。キャロリン・グレアムが開発したジャズ・チャンツが有名ですが，現在はさまざまなチャンツの教材が入手できます。生徒のレベルに合わせて使えそうなものを選んでみましょう。うまく手拍子などに合う例文を作成して，みんなで言ってみてもよいでしょう。英語の伝承童謡であるマザーグース（nursery rhymes）の有名な一節を，リズムに乗って言わせるのもスピーキングの訓練になります。歌もスピーキング力向上に良い影響を与えます。中

学生には The Beatles や Carpenters などの歌が聞き取りやすく歌いやすいのでお勧めです。

○有名なスピーチの一節を使う

　よく知られたスピーチの一節を，感情をこめて暗唱させてみましょう。いくつかの例を挙げておきます。

[チャップリンの映画『独裁者』の最後のスピーチから]

We think too much and feel too little. More than machinery, we need humanity. More than cleverness, we need kindness and gentleness.

(私たちは考えすぎで，感じることがなくなっているのです。機械より，人間性が必要です。頭のよさより，親切心と思いやりが必要です。)

[キング牧師のワシントン大行進のときの演説より]

I have a dream that my four little children will one day live in a nation where they will not be judged by the color of their skin but by the content of their character. (私には夢があります。私の4人の子どもたちが，肌の色ではなく，人格の中身によって判断される国に住むようになるということです。)

　こうした活動に加え，流暢性を向上させる活動（Nation, 2009）も取り入れましょう。たとえば，同じ暗唱を相手を変えながら繰り返して行わせます。その際に，制限時間を少しずつ短くし，前回より早く暗唱するようにさせると，流暢性の向上に効果があります。

(b) 少し自由度と負荷を上げる

　決まりきった型の練習だけでは，生徒は退屈します。自分の言いたいことをアウトプットしようとして初めて，自分に何が足りないかに気がつくのです（Swain, 1985など）。音読や暗唱といった定型練習の後は，少し自由度と負荷を上げた活動に取り組ませましょう。まずは使用したテキストの一部を変えさせたり，新しい内容を付け加えさせたりするとよいでしょう。

○内容を一部変えさせる

ダイアローグなどの一部を変えて対話をさせます。

A: What did you eat <u>this morning</u>?
B: I ate <u>some rice and miso soup</u>.
（下線部を自由に変えて対話させる）

○聞き返す

ペアで質疑応答をさせた後で，答えた側に How about you? などと聞き返させて会話を続けさせます。

A: Did you study English last night?
B: No, I didn't. How about you?

○１文付け加えさせる

ダイアローグの終了後に１文を加えさせます。

A: Do you know who that woman is?
B: Yes. She is Ms. Miller, a new ALT here.
A:（例：Oh! I'm looking forward to taking her lessons!）

○話者を変える

テキストの主語を変えて，違う視点から話させます。

Yesterday was my mother's birthday. I gave her a new umbrella because her old one was broken. She gave me a big smile and I felt so happy.（これをお母さんの視点から話させる）

（例：Yesterday was my birthday. My daughter gave me a new umbrella because my old one was broken. I smiled and she looked so happy.）

その他のすぐ行える活動として，キーワード・リテリングと準備したスピーチがあります。詳細は第６章発展活動（p.68〜）をご覧ください。

(c) 準備なしで，自由に話させてみる

実際の会話の特徴は，①即興性と②予測不能性の２つです。時には準備なしで自由に話をさせる機会も与えましょう。コツは，話したくなるトピックを設定することと，短時間で行うことです。まずは単純な質問と答えのやりとりをさせてみましょう。好きなスポーツや音楽について，休日にしたこと，行ってみたいと思う外国など，気軽な内容を短い時間で話さ

せてみます。慣れてきたら，必ず理由を述べさせる，相手の言ったことを繰り返して一言付け加える，など会話が続くような工夫を入れて，少しずつ長く話せるようにします。

　以上のように，口頭によるインプットをできる限り与え，インテイクを狙った練習をさせ，実際にアウトプットさせていくというサイクルを続けることが，スピーキング力を伸ばしていきます。まずは流暢性重視で，生徒が間違いを恐れない環境を保証しましょう。正確性の指導は生徒のスピーキング力の向上に応じて徐々に行いましょう。

4．スピーキングを中心とした指導案

　ここでは英語表現Ⅰにおける，スピーキング中心の指導案を考えてみます。学習指導要領における英語表現Ⅰの目標は，①「英語を通じて，積極的にコミュニケーションを図ろうとする態度を育成すること」と②「英語を通じて，事実や意見などを多様な観点から考察し，論理の展開や表現の方法を工夫しながら伝える能力を養うこと」の2つです。授業で行う言語活動として，以下の3つが挙げられています。

> ア　与えられた話題について，即興で話す。また，聞き手や目的に応じて簡潔に話す。
> イ　読み手や目的に応じて，簡潔に書く。
> ウ　聞いたり読んだりしたこと，学んだことや経験したことに基づき，情報や考えなどをまとめ，発表する。

　「スピーキング中心の授業」なので，上記アとウの「聞き手や目的に応じて簡潔に話す」と「情報や考えをまとめ，発表する」という言語活動を中心に授業を組み立てます。*Departure English Expression I Revised* の Lesson 14 "A Person I Admire" を例に考えてみましょう。この教科書は全部で20課から成っています。「英語表現Ⅰ」の標準単位は2単位ですから，1課にかけられる時間数は3時間程度でしょう。教科書の構成は，言語材料となる文法事項の導入と練習，トピックに関しての背景知識の導入，ライティング活動とスピーキング活動となっています。1時間目は文法事項の導入と練習に，2時間目は背景知識の学習とライティング課題（課題は宿題とする）に，そして3時間目に書いたものを活用したスピー

第10章　スピーキングを中心とした指導案

キング活動に割り当てます。この3時間目の授業を取り上げ，どのように行うかの例を以下に示します。

①ウォームアップ
　本授業の目的は，「自分の尊敬する人と尊敬する理由を英語で伝える」ことと，「尊敬される人にはどのような特徴があるか考え，自分の意見をまとめる」ことです。ウォームアップでは，教師が自分の尊敬する人物を紹介します。生徒が知っているような有名な人物を選び，その人物に関するヒントを3つ生徒に与え，誰であるかを推測させます（3ヒントクイズ）。

②ペアワーク
　この時間までに生徒は自分の尊敬する人物を選び，100語程度の英語でその人物に関するスピーチの原稿を書いてくることになっています。その人物に関して，3つのヒントを作り，パートナーに推測させる活動をペアで行わせます。まず1分ほど時間を与え，ヒントを考えさせます。次にペアでジャンケンをさせ，勝った方から出題させます。終わったら役割を交替させてもう1人に出題させます。教師は机間支援します。早く終了したペアには，スピーチの練習をするよう指示します。

③スピーチ練習
　3分ほど時間を与え，書いてきた内容を頭に入れるよう音読練習を個人で行わせます。書いてきた内容を一語一句正確に伝えるのではなく，おおよその内容が伝わればよいと指示します。

④スピーチ（3回）
　スピーチする生徒はパートナーを変えて，3回同じスピーチをします。流暢さをあげるため，最初は1分，2回目は50秒，3回目は40秒と少しずつ時間を短くして行います。最初は奇数列に座る生徒を話し手に，偶数列に座る生徒を聞き手にします。話し手には顔を上げ，相手を見ながらスピーチするよう指示します。内容を忘れたときだけ原稿を見ていいこととします。1回目のスピーチが終わったら，奇数列の生徒の席を1つずつ移動させて，パートナーを替えます。1回目と同様に2回目のスピーチをさせますが，時間を50秒と短くします，3回目も同様にパートナーを替えて時間を短縮して実施します。

⑤インタビュー

　次にインタビュー活動として，他の生徒の尊敬する人物と尊敬する理由を聞いてメモをとらせます。指導案に添付したようなハンドアウトを生徒に配布し，スピーチでペアになった以外の生徒から話を聞くように指示します。10分間，席を離れて自由にインタビューを行わせます。目標は5人から話を聞き，メモを取ることです。やりとりはすべて英語で行わせます。円滑な進行のために，以下のような表現を先に教えておいてもよいでしょう。

・Could you tell me about the person you admire?
・Why do you admire him/her?
・It's nice talking with you. Thanks.

⑥自分の意見を書く

　インタビューシートをもとに，尊敬される人にはどういう特徴があるかを考えさせ，それを英語で書かせます。うまく書けないようであれば，書き出しの文例などを黒板に板書すると良いでしょう。

・I found that great people are ….
・What people respected by others have in common is ….
・People admire a person who ….

　生徒が書いている間，教師は机間支援をします。全員で共有すべき問題があれば，取り上げて板書したり，説明したりします。時間に余裕があれば，ペアで意見交換させたり，何人かに発表させたりしましょう。

⑦まとめ

　本日の活動を振り返らせ，生徒に自己評価をさせます。指導案に添付した自己評価シート（p.126参照）を用いて評価を記入させます。スピーチとインタビューに関して，指導案と同じ基準が示されているので，自分でどの段階であったかを選ばせます。また「本日自分でできたこと」に関して，英語で簡単に記述させます。終了したら，自己評価シート，およびスピーチの原稿を回収します。この課で扱った文法事項である関係代名詞を含む文を生徒が使っていたかどうかは，後で教師が原稿を見て確認します。次の授業の指示等を与え，本時を終了します。

スピーキング中心の授業指導案

授業者：〜

Ⅰ．日時：〜年〜月〜日　〜時限
Ⅱ．クラス：〜年〜組　〜名(男子〜名，女子〜名)
Ⅲ．教科書：*Departure English Expression I Revised*, Lesson 14 "A Person I Admire" (Speak Up, p.73)
Ⅳ．本時の目標：
　1．自分が尊敬する人と，尊敬する理由を英語で表現する。
　2．尊敬される人物の共通点を考え，それを英語で表現する。
　3．関係代名詞を用いた文が使用できる。
Ⅴ．観点別評価規準

観点	コミュニケーションへの関心・意欲・態度	表現の能力	理解の能力	言語や文化についての知識・理解
評価規準	活動に積極的に参加しているか。	まとまったスピーチ原稿ができているか。	インタビューの回答を理解できるか。	関係代名詞を含む文を使用できるか。
評価基準	5人以上にインタビューできたらA，3人もしくは4人ならB，2人以下ならC。	80語以上書ければA，50語以上80語未満でB，50語未満はC。	3人以上の回答が理解できればA，2人もしくは1人の回答が理解できればB，誰の回答も理解できなければC。	(自己評価)関係代名詞を含む文を複数回使ったらA，一度使えたらB，一度も使えなかったらC。

Ⅵ．指導手順

時間	教師の活動	生徒の活動	備考
2分	1．挨拶 Good morning, class. Did you sleep well last night? Are you ready for the lesson? Today, I'd like you to talk about the person you admire	Good morning.	
5分	2．ウォームアップ（3ヒントクイズ） Before you talk about the person you admire, I'm going to introduce the persons I respect. I'll give you 3 hints about who he/she is. Try to guess who he/she is. If you understand the person, raise your hand and tell me the name of the person. OK? All right. Here we go! I'm going to introduce the first person. Hint 1: He is a singer who has a unique voice. Hint 2: He belongs to the famous band including his wife. Hint 3: He is from Chigasaki City. You're right! Congratulations. OK, Here is No.2. （同じ要領で，もう一題クイズを出し，生徒に考えさせる）	教師の話を聞く。 OK. He is Keisuke Kuwata!	
5分	3．ペアワーク（3ヒントクイズ） Now it's your turn. Make 3 hints about the person you admire. I'll give you one minute to think about the hints.	3つのヒントを考える。	机間支援，生徒を助ける。

		Time is up. Work in pairs. Do rock, scissors, paper or *janken* with your partner. The winner should be the first one to give the quiz. Then, switch the role.	お互いにクイズを出し合い，答える。	机間支援。ペアワークが行われているか観察する。
3分		4．スピーチ練習（「尊敬する人」） Good job, everyone. Next I want you to make a speech about the person you respect. Take out your worksheet as I gave you in the previous lesson. Did you finish your homework? You were supposed to write about the person in about 100 English words. Now I'll give you three minutes to get yourself for the speech. Try to memorize what you wrote down. You don't have to say everything but try to remember as much as possible. Go!	Yes. 自分の書いてきた「尊敬する人」の原稿をできる限り頭に入れる。	机間支援。発音などの指導を必要に応じて行う。
12分		5．スピーチ（3回） （廊下側から奇数列に座る生徒が最初にスピーチをする。最初は1分，次に50秒，最後は40秒で同じ話を3回繰り返す。偶数列に座る生徒が聞き役になる。1回終わるたびに座席を移動し，別の生徒の話を聞くようにする。先頭の生徒が一番後ろに行き，後は1つずつ前の席に移動するとよい。） Students in Line 1, 3 and 5 are the speakers. Students in Line 2, 4 and 6 are the listeners. The speakers are going to make the same speech three	教師の指示を聞く。 スピーチを3回，スピーチ	タイマーを使って時間の指示を行う。なるべく原稿を見ないように指示しながら机間支援。 ほぼ原稿を見ずにスピーチでき

	times. Do it in one minute the first time, and 50 seconds next, and 40 seconds in the third time. You can look at the worksheet, but don't look at it all the time. Try to keep an eye contact with your partner. Are you ready? Please start. (相手を変えながら，3回のスピーチを終えたら，役割を交替させて同じように行う。) (時間に余裕があれば何人かに全員の前でスピーチさせる。)	を聞くことを3回，それぞれ行う。	たらA，時々原稿を見たが，相手を見て話していればB，原稿だけを見ていた場合はC。
10分	6．インタビュー (まだ話を聞いていない生徒のところへ行き，尊敬する人とその理由をメモする。) Now, I'll give you another worksheet. You can stand up and go to other students. Listen to their speech and write down the names of the persons they respect and the reason why they respect the persons. Listen to as many speeches as possible within ten minutes.	まだ話を聞いていない生徒の話を聞き，メモを取る。	5人以上にインタビューできればA，3，4人ならB，2人以下ならC。
8分	7．自分の意見を書く Stop. Go back to your seat. Look at your worksheet. You have different names and different reasons. What do you think they have in common? What do great persons share in character? I'll give you five minutes.	ワークシートをもとに，尊敬される人にはどういう共	机間支援。生徒が書くのを支援する。

124

	Write down your opinion.	通点があるかを考え，書く。	
5分	8．まとめ Let's look back on today's lesson. Fill in the self-evaluation sheet and give it to me. I'm going to correct your speech manuscript, too. OK. So you worked well in today's lesson. I hope you review today's part at home. Bye-bye, everyone.	自己評価シートに記入して提出。宿題もともに提出。	

[ハンドアウト例]
Interview Sheet （インタビュー用ワークシート）

Student's Name	The person he/she admires	The reason(s) why he/she admires the person

What do you think these persons have in common? Write down your opinion.

Self-evaluation Sheet （自己評価シート）

Choose one from the choices
- About the speech （　　　）
  A: I was able to make a speech without looking at the worksheet.
  B: I looked at the worksheet a few times, but kept an eye contact with my partner.
  C: I looked at the worksheet all the time.
- About the interview （　　　）
  I interviewed ...
  A: five or more than five students
  B: three or four students
  C: two or less than two students
- What's your achievement in today's class?

第11章 ライティングを中心とした指導案

1．ライティングの過程

　私たちが母語を使ってまとまりある文章を書くとき，まず下書きをし，読み返しては推敲を重ね，次第に完成に近づけていくものです。それは英語を使ったライティングでも本質的に同じです。図1は，この過程をよく表しています。

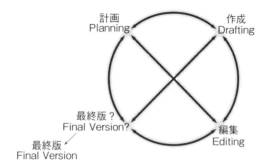

図1　ライティングのプロセス・The process wheel （Harmer, 2004）

　入社1年目の新人記者が，雑誌の記事を初めて書く過程を想像してみましょう。いきなり大きな記事は書けませんから，最初は小さな記事を書くことでしょう。彼は記事とする情報を集め，記事の構成を考え，下書きをし，読み返しては書き直し，という作業を行います。慣れないうちは先輩記者の書いた記事をお手本に書くこともあることでしょう。同期の記者や，先輩，編集長から助言を得ることもあるでしょう。こうして何度か書き直しながら，徐々に記事を完成させていきます。授業内に行うライティング活動も，このような過程を経るのが理想ではないでしょうか。

　とは言え，外国語を使って始めからまとまりのある文章を書かせるのは難しいと思います。最初は語彙や単文レベルの指導から始め，徐々に代名詞やつなぎ言葉の指導を取り入れながら，複数の文から成るまとまりのある文章を書かせる指導に移行していきます。

第10章で述べられているように，生徒の発表能力は受容能力に比べて未発達なものです。スピーキングの指導と同様に，まずはインプットを多く与える必要があります。表現力を高めるためには，発表語彙を増やすことも欠かせません。ライティングは活動自体にも，フィードバックにも時間がかかり，日々の授業内に取り入れることはなかなか難しいかもしれませんが，なるべく書く機会をたくさん与えていきたいものです。

2．ライティングの目的

　学習指導要領のコミュニケーション英語Ⅱのねらいの1つは情報や考えなどについて「まとまりのある文章」で書くことです。ここで言う「まとまりのある文章」とは，一定以上の長さで，論理的なつながりを持つ複数の段落からなる文章を指します。

　さらに，学習指導要領では，読み手と書く目的を生徒に意識させることも求めています。読み手と書く目的を意識するということは，コミュニケーションの一手段としてライティング活動を行うのが望ましいということでしょう。伝える内容は同じであっても，誰に向けて，何の目的で書くのかによって表現方法は異なります。例えば，手紙文を書く課題であれば，「近況を伝える」「仕事上の連絡を行う」などと書く目的を明確にした上で，「親しい友人に」「面識のない人に」「不特定多数の読者に」などと読み手の存在を与えるようにします。その際，「外国の友人に」などと架空の読者を与えるより，できるだけ現実的な人物を設定する方が効果はあがるでしょう。ALTに協力が得られれば，「新しく赴任するALTの先生のために，知っていてもらいたい日本の生活習慣についてのパンフレットを作る」というような課題を与えます。

　読み手の設定が難しい場合でも，壁新聞にして教室に掲示したりするなどして，できるだけ読者の存在を意識させるよう工夫をします。可能であれば，学校のホームページに発表の場を設けるのも良いでしょう。また，インフォメーションギャップ活動やオピニオンギャップ活動（第2部第5章，p.59～参照）の一環としてライティングを取り入れることも，読み手と書く目的を意識させることにつながります。

3．ライティングの指導

スピーキングの指導同様に，ライティングの指導でも書き言葉のインプットを十分に与え，語彙を増やしつつ，生徒に書く機会をできるだけ多く与えていきます。書く指導は，最初は文単位から始めて，徐々につなぎ言葉などに注目させて，まとまりを持った文章へと移行していきます。

1）語彙を増やす

スピーキング同様，ライティングでも語彙の知識が必要であることは言うまでもありません。加えて，ライティングには綴りの知識も必要になります。

ところで，生徒たちはどのような方法で綴りを覚えているでしょうか？ローマ字読みで綴りを覚えようとしている生徒がいないでしょうか？英語が苦手な生徒の中には綴りをアルファベット読み（例えば，difficult をディー，アイ，エフ，エフ…というように）で覚えようとしている者がいたりして，驚かされることがあります。各語の発音と綴りを結びつけて覚えるように助言を与えるようにしたいものです。

また，単語を覚える時に「make—作る」などのように対にして暗記する生徒も多いようです。しかし，make, have などさまざまな使われ方をする語，日本語には存在しない前置詞などについては，そのような覚え方では非効率的です。モデルとなる英文を与えて，その文脈の中で覚えさせるようにしましょう。make であれば，"My mother made sandwiches for me." "I made friends with Kate." "I've made an appointment to see a doctor." などと，英文の中で学ばせると記憶にも残りやすく，コロケーションも次第に身につけさせることができます。

2）生徒に書く機会を与える

十分なインプットがなくては，ライティングなどのアウトプットの活動は不可能です。課題のお手本となる英文モデルを与えることで，徐々に書くことに慣れさせていきます。その際，スピーキングの指導同様に，定型的な練習から始めて徐々に自由度を高めた練習に移行するようにするとよいでしょう。

(a) 日本語訳をもとに教科書英文を再生させる（定型的な練習）

　教科書本文内から，目標とする文法事項を含む文章を選び，日本語訳を生徒に与え，その日本語訳から教科書の英文を再生するよう指示します。教科書の文が長いような場合は，部分的な空所補充から徐々に完全な文を再生できるように練習させたり，文を短くリライトしたハンドアウトを使ったりするとよいでしょう。

(b) モデル英文の一部を書き換えさせる（やや自由度を上げた練習）

　自由度をやや高め，教科書の英文を再生させるだけではなく，一部を自分の言葉で書き換えさせます。一例を挙げます。

"Thank you for having such a nice party for me last night."

(*Compass I*)

これは文法事項として「前置詞＋動名詞」を扱った教科書本文例ですが，この文の下線部を自分の言葉で書き換えさせます。友人や保護者に対して感謝の気持ちを綴ったカードを書いてみよう，などと指示するとよいでしょう。

(c) モデル文をもとに課題作文をさせる（自由度を上げた練習）

　教科書の文を参考にして，英文を書かせます。次の例をみて下さい。

Borneo is the third largest island in the world and nearly as large as Japan. As you can see on this map, Borneo sits right on the equator. (*Genius I*)

　この単元では比較表現を文法事項として扱っています。本文の指導を終えた後，この文を参考に自分の町や市について紹介する短い英文を書かせます。この時，比較表現を必ず使うよう促せば，扱った文法事項の練習にもなります。また，さらに自由度を上げて，わが町の自慢やおすすめスポットなどについて１文付け加えさせてもよいでしょう。

(d) つなぎ言葉に着目させる

　ある程度生徒の力がついてきたところで，接続詞や副詞（句）などのつなぎ言葉（ディスコース・マーカー）にも着目させます。一般的につなぎ言葉には次のようなものがあります。

AND words: and, also, too, as well, besides, furthermore など
BUT words: but, although, even though, on the other hand, still, however, nevertheless など
BECAUSE words: because, as, due to, owing to, thanks to, because of, as a result of など
IF words: if, even if, unless, in case, or, otherwise など
THEREFORE words: so, therefore など
IN ORDER TO words: to, in order to, so (that) など

(出典 *LEA*)

この他には，first, to begin with, finally などと順序や列挙を示すために用いられるものや，then, after that, at that time などと時間を表すために用いられるものもあります。教科書内のこれらの語句に着目させ，文や段落を連結させる指導につなげていきましょう。

(e) まとまりのある文章を書かせる

生徒の学習が進んできたところで，まとまりのある文章を書かせる指導も取り入れていきます。

まとまりのある文章を書くのは日本語でも難しいものです。そこで，生徒が英語を書こうとする意欲を高められるような課題を与えるよう心がけましょう。使用しなければいけない語彙が難しく，辞書を多用しなければいけないような課題は，生徒の意欲を削いでしまいます。そのような場合，あらかじめ使用が予想される語彙をリストにして配布するなどして，生徒のストレスを軽減する工夫が必要でしょう。書く目的を与えることも重要です。読んだこと，調べたこと，話し合ったことなどについて，自分の意見を述べるといった課題が望ましいと思います。また，書いた英文を発表する場面を必ず与えるようにしましょう。実際の例は137ページからの指導案をご覧ください。

(f) コンピュータを活用する

最近では，パソコン，スマートフォンやタブレット型端末が私たちの生活にすっかり浸透しています。スマホを使ってのライティングは教室内では無理でも，パソコンを使ったライティングは授業でも積極的に取り入れ

ていく必要があるかもしれません。インターネットが利用できる環境があれば，ライティングのモデルとなる英文が豊富に見つけられますし，書く内容の情報収集にも大変便利です。

コンピュータの特性を生かせば，生徒の書く動機を高めてくれることでしょう。絵や写真などを取り入れたポスターやパンフレットを作らせたり，プレゼンテーションソフトを使って発表をさせたり，とライティング活動の幅も広がります。生徒の作品をホームページ上に掲載してもよいと思います。

ところで，最近ではインターネット上に無料で翻訳してくれるサイトがあります。しかし，自動翻訳された英文には不自然な箇所がまだまだ多いようです。このサイトを（こっそり）利用してライティングの宿題を書いてくる生徒がいて，筆者も時折苦笑させられています。自動翻訳サイトの利用を禁止すればよいのかもしれませんが，それも時代の流れに逆らっているようにも感じます。そこで，翻訳サイトを上手に活用して，自動翻訳された英文をできるだけ自然に書き換えさせる活動を行ってみてはどうでしょう。楽しい授業ができると思います。

3）ライティングのフィードバック

ライティングのフィードバックもスピーキングの場合と同様に，正確性と流暢性のバランスを考えて行います。与えた課題の種類に応じて，定型的な練習には正確性重視で，自由度を上げた練習には流暢性重視でフィードバックするようにしましょう。

流暢性重視でフィードバックを行う場合，書き言葉としてコミュニケーションが成立しているか，つまり書き手が伝えたいことが読み手に伝わっているかに焦点を当てて，読み手の視点からフィードバックを行います。例えば，友人に手紙で近況を知らせる課題であれば，近況が伝わったかどうかが主な観点となります。教師の側からも短い返信の形でフィードバックを行うのもよいでしょう。正確性については，多くの生徒に共通してみられる誤りを記録しておき，後の授業内でクラス全体にフィードバックを行ったり，追加で定型的な練習を与えたりして対処するのもよいと思います。

本章章末の指導案は，教科書（*Genius English Communication I*

Revised）の英文をモデルに，ある程度のまとまりを持った文章を書くことを目的としています。このような指導には，モデルに適した英文が教科書にあることが前提となるでしょう。また，生徒が興味を持って課題に取り組めるトピックであることも重要です。コミュニケーション英語の授業では，全ての課で無理に行わず，取り入れやすい課のときに実施する，くらいのスタンスでよいかと思います。一方，ほとんどの英語表現の教科書では，各課にライティングの課題が与えられていますので，それらを積極的に活用するようにします。

4）観点別評価

すでに述べたように，ライティングの課題では「何を」「誰に向けて」書くのかを意識させる必要があります。137ページの例では「遠く離れた外国の友人に」手紙を書くことが目的です。そこで，伝統工芸品についての説明以外に，英文の手紙の形式に慣れさせることや自分の近況と簡単な挨拶が書けることを「コミュニケーションへの関心・意欲・態度」の評価規準としています。

評価基準はA，B，Cの順に作成することが一般的かもしれません。しかし，この例の「表現の能力」の項のように，主観的な要素の強い評価基準の場合はAとCの基準を先に設定し，それ以外はBという考え方も可能です。

また，この例では4つの観点すべてを埋めていますが，指導内容によってはすべての項目が埋まらないこともあるでしょう。そのような場合は無理にすべてを埋める必要はありません。

5）指導手順
①挨拶〜②ウォームアップ

この例では，挨拶後すぐに本時の活動の導入，ウォームアップに進んでいますが，これは紙面の都合からです。実際には第2部第3章で述べられているように帯学習やウォームアップ活動を行います。

③手紙を書く

のちに手紙の交換を行うため，奇数列と偶数列に異なるハンドアウトを配布します。生徒たちは，外国人になったつもりで，各ハンドアウトで与

えられた伝統工芸品についての質問を含む手紙を書きます。この例ではクラスを2分割して暖簾(のれん)と簾(すだれ)を与えていますが、クラスをさらに分割して伝統品の種類を増やしてもよいでしょう。

　質問を含む手紙を書くにあたり、教科書の手紙をモデルとするよう生徒に促します。142ページのハンドアウト例は、伝統工芸品の写真を手紙に使用することを想定していますが、難度を上げて、写真を使わずに言葉のみで伝統工芸品の説明をさせることも考えられます。

　クラスには英文をどうしても書こうとしない生徒や、与えられた時間に書き終わらない生徒もいるものです。少人数授業であれば机間支援しながらできるだけ助言を与えることが望ましいですが、40人学級などではすべての生徒にはなかなか目が行き届きません。まとまった英文を書くのが困難な生徒用に、部分的な作文で完成できるハンドアウトを別途用意しておくとよいでしょう。

④互いの手紙を読む

　奇数列と偶数列の生徒でペアを作り、手紙を交換させます。生徒の活動意欲はペアやグループによって大きく変化することがあります。教室の座席をもとにペアを作るのは手軽でよいのですが、可能であればクラス内の人間関係を考慮したペアワークやグループワーク用の座席をあらかじめ作成しておくとよいかもしれません。教科担当だけで作成が困難な場合には、クラス担任の助力を仰いで作成します。また、常に同じペアやグループでの活動も新鮮味が足りないものです。適宜メンバーを入れ替えるとよいでしょう。

　今回は手紙でのやりとりを想定しています。手紙の内容が理解できない場合、口頭で互いに質問し合うことはなるべく避けさせ、後の活動で書かせる返信の中で質問させるようにすると、より現実的なコミュニケーションに近づくでしょう。

⑤伝統品についてリサーチし、返事を書く

　インターネットや図書館で、質問された伝統工芸品について調べ、返信を書かせます。インターネット上には、日本の伝統工芸品について英語で紹介しているサイトも数多くありますので、それらをモデルとして書かせてもよいでしょう。ただし、サイトの英語をそのまま写してしまうことのないよう注意を与えます。この例の場合では、読み手である自分のペアの

相手が，辞書なしで読んでも理解できるような手紙を書くように促します。

クラス全員が同時にインターネットを使用できる環境がない，または図書館でも資料が充分に集まらないような場合，次のような対策が考えられます。

・リサーチを宿題として，家庭で行わせる

　指導案では1時間ですべての活動を行うようになっていますが，①〜④の活動を授業内で行い，リサーチと返信を宿題とします。こうすることで，大幅に時間を短縮できますので，最も現実的な対策だと思います。しかし，宿題を行わない生徒が出て，⑥以降の活動に支障が生じることもありえます。そのような場合に備えて，教師の側であらかじめ完成した手紙も用意しておく必要があるでしょう。

・資料を用意しておく

　教師があらかじめ資料を用意しておき，⑤の活動に入った時点で配布します。こうすることでリサーチする時間を省略し，活動全体の時間の短縮が図れます。反面，すべての生徒が同じ情報をもとに手紙を書くことになり，各生徒の独創性が薄れてしまいます。必要な情報をリサーチする能力の育成もこの指導案の隠れた目的の1つですので，できれば避けたいところです。

⑥ペアで手紙の交換〜⑦発表

　先述した通り，コミュニカティブなライティング活動では，読み手を意識させることが重要です。英文を書かせて終わり，では生徒の意欲も高まらず，期待する教育効果が得られません。必ず発表の場を設けるようにします。発表の場は，書かせたジャンル本来の目的にできるだけ近づけた形で設定するのが望ましいでしょう。この例では親しい友人に書く手紙がジャンルですので，ペアで交換を行わせています。エッセイや感想文を書かせた場合には壁新聞や学級新聞，または学校のホームページなどで発表させたりするとよいでしょう。

⑧自己評価シート・手紙の回収と教師のフィードバック

　143ページの例のような自己評価シートを配布し，生徒に自己評価させます。自己評価をさせることで，自律した学習者の育成にもつながりますし，教師が行う観点別評価の参考にもなります。評価項目は，観点別評価規準をもとにして作成します。できるだけ具体的に，かつ選択肢で回答

行わせると，混乱も少なく時間の節約もできるでしょう。

　生徒が書いた手紙は授業の最後に回収し，コメントなどを加えた後に返却します。しかし，生徒の文法や語彙の誤りの1つひとつに朱書きを入れていては，時間が相当かかってしまい，教師も疲れ果ててしまいます。また，細かな誤りを指摘されてばかりでは，誤りを気にするあまり英語の使用そのものに嫌悪感を感じる生徒や，せっかく苦労して行ったフィードバックに目を通さなくなる生徒が出てしまい，労力の割に教育効果が上がらなくなってしまうかもしれません。そこで，ライティング本来の目的に応じてフィードバックを行うようにします（ライティングのフィードバック，p.132参照）。この指導案例では，コミュニカティブな手紙のやりとりと伝統工芸品の説明が主な目的ですから，手紙としてのコミュニケーションが成立しているかどうか，そして説明がわかりやすいかどうかに絞ってフィードバックを行うようにします。フィードバックは生徒の書いた手紙にコメントを書き入れるのが一般的でしょうが，教師が手紙を受け取った相手役となり短い返信を書くことでも行えます。

　ライティング本来の目的に合わせてフィードバックを行いますが，文法や語彙上の誤りを無視するわけではありません。今回は関係代名詞の使用に慣れることを目的の1つに挙げていますので，関係代名詞の使用についてはコメントを行ってもよいでしょう。また，関係代名詞に限らず，多くの生徒に共通した誤りなどはデータとして蓄積しておき，後々の授業や復習プリントなどに役立てます。なお，文法上のコメントについては，英語ではなく日本語で行うのが現実的でしょう。

ライティング中心の授業指導案

授業者：〜

Ⅰ．日時：〜年〜月〜日　〜時限
Ⅱ．クラス：〜年〜組　〜名（男子〜名，女子〜名）
Ⅲ．教科書：*Genius English Communication I Revised*, Lesson 2 "More Than Just a Piece of Cloth" (Part 1, 2)
Ⅳ．本時の目標：
　1．英文で書かれた説明文を読み，内容が理解できる。
　2．日本の伝統的な道具などについて調べたことを英語で表現する。
　3．関係代名詞を用いた文が使用できる。
Ⅴ．観点別評価規準

観点	コミュニケーションへの関心・意欲・態度	表現の能力	理解の能力	言語や文化についての知識・理解
評価規準	近況報告や簡単な挨拶の後，テーマに沿った内容の手紙が書けている。	日本の伝統工芸品についてわかりやすく説明できている。	他の生徒が書いた手紙を理解し，質問やコメントを返信できている。	日本の伝統工芸品について的確に調べている。
評価基準	テーマに沿って200語以上書いていればA，150語以上書いていればB，それ以下はC。	説明がわかりやすければA，理解困難な場合はC，それ以外はB。	他の生徒からの手紙を理解し，的確な質問やコメントを含む返事が書ければA，返事が書けなければC，それ以外はB。	伝統工芸品の使用法，素材，歴史や名前の由来の3点が書けていればA，2点であればB，それ以外はC。 関係代名詞を含む文を複数回使えたらA，

					一度使えたらB、それ以外はC。

VI. 指導手順

時間	教師の活動	生徒の活動	評価規準・備考
2分	**1．挨拶** Good afternoon, class. How are you today? Are you ready for the lesson? Today, I'd like you to write a letter asking about Japanese traditional crafts、伝統工芸品. First of all, read part 1 and 2 again.	Good afternoon, …. 説明を聞く。 Part 1, 2 を黙読する。	ここでは Lesson 3 Part 1, Part 2 の内容把握、文法説明を前時に終えていることを想定している。
5分	**2．ウォームアップ** OK, what did Jack ask about *furoshiki*? Yes. Then Yuka did some research on *furoshiki*, right? What did she find? Anything else?	 She asked if they are still commonly used in Japan. Yes, that's right. She found when *furoshiki* became common. She found why they became common. She found what *furoshiki* are made	復習を兼ねて、ユカが風呂敷について調べたことを確認する。

第11章　ライティングを中心とした指導案

		of. How to use *furoshiki*.	
	Very good. Yuka let Jack know how we use *furoshiki*, when they started to be used, and what they are made of.		
10分	3．外国人のつもりになって，日本の伝統工芸品について質問をする手紙を書く Now pretend to be an American who has a friend in Japan. You saw a photo of a Japanese traditional craft, but you have no idea what it is. So you decide to write a letter to ask your friend in Japan. The photo you saw is this. First of all, write a letter to ask your friend about the photo. You have ten minutes. Please begin.	教師の説明を聞く。 与えられたハンドアウトをもとに，手紙を書く。	写真を手紙に添付させるか否かで活動の難度を調節できるだろう。 写真Aを奇数列，Bを偶数列の生徒に配布する。（ハンドアウト例参照）
3分	4．ペアで交換し，互いの手紙を読む Next, exchange your letters with the person next to you. I'll give you three minutes to read his or her letter. （手紙に写真を添付させない場合）If you cannot understand	奇数列の生徒と偶数列の生徒で手紙の交換をし，読む。	工芸品の写真を手紙に添付させない場合，生徒は文章で説明しなくてはならない。どうしても説明がわかりにくい場合は口頭で質問させずに，

139

	the letter well, it's OK. You can ask your friend about that in your letter.		この後に書く手紙の中で質問させると良いだろう。
20分	5．伝統品についてインターネットで調べ，返事を書く Now do some research on what you are asked in the letter. Then write a letter to let your friend know what it is, how it is used, and when it became common. Remember this is a letter to your foreign friend, so begin your letter with some greetings and let your friend know how you're getting along. Now, please begin.	教師の指示を聞きインターネットで調べ，手紙を書く。	ここではインターネットへの接続可能な環境を想定しているが，宿題として課しても良いだろう。 机間支援しながら，必要に応じて助言を与える。
3分	6．ペアで交換し，互いの手紙を読む Now exchange your letters with your partner. I'll give you three minutes.	手紙を交換し，読む。	机間支援しながら，適宜助言やコメントを行う。
4分	7．手紙を発表させる Now I want some of you to read the letter to the class. S1, will you read the letter you received? 読み終えたらコメントを行う。 Very good. Your explanation is really good and easy to understand.	受け取った手紙をクラスで発表する。	発音が滞った場合など，必要に応じて援助する。

第11章 ライティングを中心とした指導案

	以下，時間が許す限り生徒を指名し，手紙で発表させる。 Next, S2. Will you read yours?		
3分	8．自己評価シート・手紙の回収とフィードバック，挨拶 OK, all of you did very well. Now fill in the chart on the self-evaluation sheet. As your letters are very interesting, I'd like to read all of them. Please hand in your letter as well as the self-evaluation sheet. Thank you. All right, so much for today. See you next time.	自己評価シートに記入する。 手紙と自己評価シートを提出する。 Good bye, Mr. / Ms. 〜.	

[ハンドアウト例]

Letter to ask about a Japanese traditional craft: A
(伝統工芸品について尋ねる手紙 A)

One day, you saw this picture in a magazine. You don't know what it is so you decide to write a letter to ask your Japanese friend. Remember, this is a letter, so you need to begin with greetings and let your friend know how you are getting along.

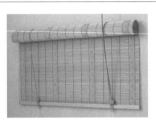

From:
To:
Subject: *Sudare*
Date:

Letter to ask about a Japanese traditional craft: B
(伝統工芸品について尋ねる手紙 B)

When you came to Japan, you found some shops and restaurants hang a cloth like this. Now you are back in your country, but you still wonder what the cloth is. So you decide to write a letter to ask your friend in Japan. Remember, this is a letter, so you need to begin with greetings and let your friend know how you are getting along.

From:
To:
Subject: *Noren*
Date:

Self-evaluation Sheet（自己評価シート）

Choose one choice from each section:

・About the grammar (　　)

　A. I was able to use at least two relative pronouns (関係代名詞) in the letter.

　B. I was able to use a relative pronoun in the letter.

　C. I was not able to use any relative pronouns in the letter.

・My letter has (　　).

　A. more than 200 words　B. more than 150 words

　C. less than 150 words

・About your letter (　　)

　A. I was able to reply to the letter with some comments / questions.

　B. I was able to reply to the letter but it doesn't have proper comments / questions.

　C. I was not able to write the letter about the craft.

・What's your achievement in today's class?

第12章 中学校の指導案

1．中学1年生の授業指導案（canの導入）

　ここでは中学1年生における，文法事項を中心に組み立てた1時間を考えてみます。*New Horizon 1* の Unit1 Part 1では，サンフランシスコに滞在中の中学生が，その街でできること，できないことをcanとcan'tを使って話しています。内容理解は次の時間にまわし，ここではcanの導入，練習，発表という構成で1時間を組み立てました。目標はcanとcan'tの用法を理解した上で，自分のできること，できないことを生徒に英語で表現させることです。

　canに関しては否定文，疑問文も含め，生徒は小学校で口頭による学習をしています。中学校ではその使い方について明示的な説明も与えます。疑問文については Part 2で出てくるのでここでは明示的に指導せず，次の時間にまわします。ただし小学校ですでにそうしたやりとりを行っているので，教師の発話では疑問文を使用しています。

1）オーラル・イントロダクション

　動物の能力を題材にして，canとcan'tを英語で導入します。クイズ形式で生徒の興味を引くようにします。ここでは正誤問題を使って，教師の発した文が正しいか間違っているかを判断させます。導入する文は以下の2つです。

　A giraffe can run very fast. (True)
　A bat can stand on the ground. (False)

　2番目の文は間違いなので，A bat can't stand on the ground. という文でcan'tも導入します。

　その後，教師が自分のできること，できないことを英語で紹介し，生徒にできるかどうかを尋ねます。引き出したcanまたはcan'tを含む文を全員にリピートさせることで，例文のインプットを増やします。ただし，

「できる・できない」に関する問題内容については，生徒に答えさせても特に問題のないものであるかどうかに留意してください。

　導入に関しては，動物でなくてもかまいません。生徒に人気のある有名人の写真などを持ってきて，その人ができること，できないことなどを話して聞かせてもよいと思います。

2）説明

　導入で紹介した文をもう一度生徒から引き出し，黒板の右側に板書をして，その左側に日本語の意味を書いておきます。生徒にはその文をノートに写させます。次に can/ can't は動詞の前に来ること，助動詞と言って動詞を助けて意味を加えること，などを簡潔に説明します。

3）口頭練習

　can [k(ə)n] と can't [kæn(t)] の違いを聞き分けたり，言い分けたりできるように練習させます。通常肯定文の can は弱形化し，否定文の can't は強形化します。can't の t の音は脱落するため，弱い [ə] の音と強い [æ] との違いが出せるようにしてあげましょう。まずは教員が can もしくは can't を含む文をいくつか読み上げ，can の文を言った時だけ生徒に手を上げさせます。

　次に教師は日本語の文を言い，それを生徒に口頭で英語に直させます。このときに主語は I だけでなく，You, He, She などと変えた文を与えます。

　その後時間をとって，can や can't の動詞の形がどうであったかを生徒に尋ねます。たとえ主語が三人称単数であっても，動詞には s がつかないことを明示的に教えます。最後にその例文を教師がもう一度言い，全員にリピートさせます。その際，正しく発音できるよう注意させます。うまくできない生徒が多い場合は，例文を板書し，個人練習の時間を与えましょう。教師は机間支援をして生徒の練習を助けます。

4）ワークシートでの変換練習

　次にワークシートを配り，肯定文は否定文に，否定文は肯定文にさせて，表を完成させます。3分ほど時間を与え，作業が終わったら，生徒を指名して答えを言わせて，正解を確認させます。確認が終わったら，全員で

例文の音読練習をします。教師が模範を示し，生徒にリピートさせます。
　今度はペアで聞き分け，言い換えの練習をさせます。生徒にジャンケンをさせ，勝った方はシートを読み上げる役，負けた方はシートを見ずに文を換えて言う役とします。勝った生徒がランダムに can もしくは can't を含む文をワークシートから選んで読み上げます。負けた生徒はワークシートを見ないで，肯定文なら否定文に，否定文なら肯定文に直して言います。1分経過したら，役割を交替させ，同じ要領で言い換えを行わせます。

5）作文・発表
　can, can't を使って，生徒に自分のことを書かせます。時間を与え，今まで導入した文を参考に，ワークシートの下半分にできるだけ書くように指示します。教師は机間支援をして，生徒を助けます。生徒が言えない表現があったら，それを黒板に書いて全員で共有してもいいでしょう。あらかじめ関連する語彙を別のハンドアウトに載せて配布するというやり方もあります。
　時間が来たら書くのをやめさせ，パートナーにそれぞれ発表させます。同じ表現がいくつあるか，数えさせてもよいと思います。時間に余裕があれば，ペアワークの後で何人かを指名して，全員に向けて発表させます。

6）まとめ
　ワークシートを回収し，後で評価の判断材料としてチェックします。本日学んだ，can と can't の意味と使い方について教師がもう一度触れます。次の授業の宿題もしくは予習事項があれば生徒に伝え，授業を終了します。

中学1年生の授業指導案（can の導入）

授業者：〜

Ⅰ．日時：〜年〜月〜日　〜時限
Ⅱ．クラス：1年〜組　〜名（男子〜名，女子〜名）
Ⅲ．教科書：*New Horizon English Course 1*, Unit 10 Part 1
Ⅳ．本時の目標：
　　1．can を使って自分のできることが英語で表現できる。
　　2．cannot（can't）を使って自分ができないことが英語で表現できる。
Ⅴ．観点別評価規準

観点	コミュニケーションへの関心・意欲・態度	表現の能力	理解の能力	言語や文化についての知識・理解
評価規準	活動に積極的に参加しているか。	自分のできることが表現できるか，またできないことが表現できるか。	can と can't の聞き分けができる。	can を含む文の肯定文，否定文が理解できる。
評価基準	個人・ペアで積極的に練習している A，まずまずの取り組み B，参加していない C。	自分のことについて can, can't の文両方書ければ A，一方だけなら B，まったく書けなければ C。	ペアワークで相手の言うことを理解し，文をすべて変換できれば A，半分くらいできれば B，まったくできなければ C。	ワークシート全体がきちんと埋められていれば A，やや空所があれば B，半分以上空所なら C。

Ⅵ. 指導手順

時間	教師の活動	生徒の活動	評価規準・備考
2分	１．挨拶 Good morning, class. How are you today?	Good morning, ... I'm fine/ hungry ...	
10分	２．オーラル・イントロダクション	教師の話を聞く。	きちんと聞いているかよく見る。
	Let's talk about animals today. Do you like animals? I have two animal pictures. （キリンの絵を取り出すが、何も書かれていない裏側を生徒に見せる。） Now I have one animal here. What's this?	Yes. 「キリン！」	
	It lives in Africa. It's tall. It has a long neck. Yes.（裏返してキリンの絵を見せる。）This is a giraffe. Repeat after me, "giraffe."	 Giraffe.	
	Now listen to me and tell me if what I say is true or false. 「先生がこれから言うことが正しかったら true, 間違っていたら false と言ってね。」 Repeat after me, "True." "False."	 True. / False.	
	Now, listen. "A giraffe can run very fast. Is it true or false?"	True. / False.	
	All right. Some say true		

148

and others say false. It's true! A giraffe can run at 50 kilometers per hour. 「なんと時速50キロで走れるんです。」	
Repeat after me, "A giraffe can run very fast."	A giraffe can run very fast.
Next one.（コウモリの絵の裏側を見せる。） It's black. It can fly. It lives in a cave. 「ほら穴」 （ひっくり返してコウモリの絵を見せる。）	「コウモリ！」
Yes. This is a bat. Do you know Batman?	
Repeat after me, "bat."	Bat.
Now listen, "A bat can stand on the ground." Is it true or false?"	True. / False.
This time it's false. A bat can't stand on the ground. Repeat after me, "A bat can't stand on the ground." 「だからぶら下がって寝るんだね。」	A bat can't stand on the ground.
Next, I'd like to ask you some questions. I can swim 25 meters. How about you? A-san, can you swim 25 meters?	Yes.

	OK. A san can swim 25 meters. Repeat, everyone.	A-san can swim 25 meters.	
	I can't play the piano. How about you, B-kun? Can you play the piano?	No.	
	I see. B-kun can't play the piano. Repeat, please.	B-kun can't play the piano.	
8分	3．説明		
	小学校でも習ったと思うけど，「〜ができる」と英語で言いたい時は何て言うのかな。	can	説明はわかりやすく，簡潔にする。
	そう，canを使うんだね。じゃあ，さっきの「キリンはとても速く走ることができる」をもう一度英語で言えるかな？(生徒が言えなければヒントを出して全文を言わせ，それを板書する。日本語の訳も付ける)	A giraffe can run very fast.	板書する。
	では，「〜できない」と言いたい時は？そう can't を使うね。これは cannnot が短くなった形。では，さっきの「コウモリは地面に立つことができない」って英語で言える？（上と同じように文を言わせて板書する。日本語訳も付ける。）	can't A bat can't stand on the ground.	
	(時間を与えて2つの文と意味をノートに書かせる)	板書をノートに写す。	机間支援して確認する。
	さて，can と can't は文のどこに入っているかな。	run の前	

		stand の前	
	そう，動詞の前だね。can は助動詞と言います。動詞を助けるんだね。だから助動詞。動詞の前に立って，「～できる」という意味を付け足しています。		
8分	4．口頭練習 OK. Let's practice. If I say, "can," raise your hand. But if I say "can't," don't raise your hand. (can と can't の聞き分け練習をさせる。前者が弱形，後者が強形になることを理解させる。) I can ski. I can't fly. I can play baseball. I can't play the piano. (以下，ある程度例文を繰り返す。) Next, it's your turn. Please put what I say in Japanese into English. 「英語に直してみてね」 「私はサッカーができます」 「私たちは飛べません」 「彼は上手に歌えます」 「彼女は中国語が話せません」 (生徒が言った文を板書する) では，みんなが言った文をもう一度読んでみよう。can と	教師の言う文を聞き，can の文であれば手を上げる。 口頭で英語に直す。 I can play soccer. We can't fly. He can sing well. She can't speak Chinese.	発音を正しく。 違いを生徒に意識させる。

	can't の発音に注意して。 （音読の後で） この前，主語が He や She のときは動詞に s がつくって習ったよね。can や can't の後ろの動詞に s はついているかな？ そうだね。can や can't の後の動詞には，何もつけなくていいんだ。助動詞の can が動詞を助けて，よけいな荷物の s をとってやったという感じだね。	音読を行う。 「ついていない。」	
12分	5．ワークシートでの変換練習 （右側に can の文，左側に can't の文が並んだ，p.155 に示したようなワークシートを全員に配布する。） Look at the worksheet. Please fill in the blanks. 「左に can の文，右に can't の文が並んでいるね。右の空所には左の can の文を can't の文に直して書く。左の空所には右の can't の文を can に直して書きます。一番上の例を参考にして。いいかな。 You have three minutes. Go! OK. Time is up. Let's check	 ワークシートの空所を埋める。	机間支援。生徒が書くのを援助する。 ワークシート前半がきちんと埋められていればA，やや空所があればB，半分以上空所ならC。

	the answers. (生徒を当てて，答え合わせをする。) では，can の文からすぐ can't の文へ，逆に can't の文からすぐ can の文に変えられるよう自分で練習してみよう。 You have one minute. Go! OK. Stop! Now work in pairs. Do *janken* with your partner. 「はい，では勝った人だけがシートを見て，負けた人は見ないでください。勝った人はシートから文を選んで相手に読み上げてください。負けた人はそれを聞き，can の文なら can't の文に変え，can't の文なら can に変えて言い直してください。」 You have one minute. Go! （1分後，役割を替えて同様に行わせる。） Now switch roles. Go!	個人練習をする。 ペアで言い換え練習をする。	 うまくいってないペアを援助する。
8分	6．作文・発表 Please make sentences about yourself with "can" and "can't." 「ワークシートの下の方に，自分のできること，できないことを書く欄があります。自	can と can't を使って自分のことを書く。	机間支援して援助する。 自分のことについて can, can't の文を両方書け

	分のことを英語で書いてください。少なくとも１文ずつは書くこと。できる人はどんどん書いてください。 You have five minutes. Go! Stop writing. Now work in pairs. Read your sentences aloud to your partner. （ペアで発表させる。）		れば A，一方だけなら B，まったく書けなければ C。
2分	7．まとめ Please give me your worksheet. Pass it to the front. 今日学んだことを確認する。次の授業の指示をする。 All right. That's all for today. See you in the next lesson.	See you!	ワークシート全体がきちんと埋められていれば A，やや空所があれば B，半分以上空所なら C。

第12章　中学校の指導案

[ワークシート例]

For your practice（練習用シート）

can 〜「〜できる」	can't 〜「〜できない」
I can play baseball.	I can't play baseball.
You can speak English.	
	She can't dance well.
He can snowboard.	
	They can't cook well.

About yourself

can 〜「〜できる」	can't 〜「〜できない」

Class (　　　　) Number (　　　　) Name (　　　　　　　　)

2．中学2年生の授業指導案（受け身）

　以下，中学2年生の授業で「受け身」の文法事項を扱う指導案の解説をします。*New Crown 2* の Lesson 8の Get Part 1は，インドの紙幣に関する内容で，受け身が新出文法事項として扱われています。インド人のラージ君がインドの5ルピー紙幣を見せて，インドではたくさんの言語が使われているため，紙幣にも多くの言語が書かれていることを説明する内容です。教科書は左ページに本文と受け身のドリルがあり，右ページに受け身を練習する活動があります。ここでは左ページのみを扱い，受け身を導入し，同時に本文の内容理解と音読，受け身のドリルを行うという50分の授業の指導案を示します。教科書右ページの受け身の練習のための活動は次の時間に行うものと考えます。

1）オーラル・イントロダクション
　本文には，インドの5ルピー紙幣が出てくるので，生徒になじみがある日本の千円札，五千円札，一万円札を使って受け身の導入を考えます。千円札を見せて，This is a one thousand yen note. と言って，note を導入します。同時に Do you use a one thousand yen note? と質問することにより，既習の use の復習をします。五千円札，一万円札も示した後に，We see Fukuzawa Yukichi on a ten thousand yen note. を理解させます。その後，Fukuzawa Yukichi is seen on a ten thousand yen note. と言って，受け身を導入し，言う練習をします。五千円札，千円札についても樋口一葉，野口英世が見られるという文で練習します。最後に，次のように板書して，受け身の導入をまとめます。

Fukuzawa Yukichi is seen on a ten thousand yen note.
　　　　受け身：be 動詞＋過去分詞＝〜される
「福沢諭吉は一万円札に見られます」

　これをノートに写させ，新出事項の導入・説明まで終えたものと考えます。

2）読解・説明

　読解・説明は，本文を読み，理解しているかを確認し，本文の文法や語彙について説明する活動です。ラージ少年と5ルピー紙幣のイラストを見せながら，英語で本文内容について簡単な背景知識を与えて，プレリーディング活動とします。

　インリーディング活動としては，TFクエスチョンに答えさせるという読みの目的を与え，読解に取り組ませます。新出単語の訳注とTrue or Falseの設問を載せたハンドアウトを配布して，本文を読ませます。TFクエスチョンに解答するという目的があることで，生徒は読解により意義深く取り組むことができます。新出単語のうちnoteはオーラル・イントロダクションで導入していますが，他の語は訳注の形で提示すればよいでしょう。

　設問の答え合わせは，最初ペアで確認し合った後に，全体で答え合わせをします。ただ単にtrue, falseと解答させるだけでなく，なぜそう考えたのかを教科書の文を使って言わせるとよいでしょう。そのとき，本文で説明が必要な点に関して，日本語で簡単に説明します。

3）音読

　読解・説明により本文の内容を理解した後に，音読を行います。教師の後について，リピートさせます。新出単語などは，1語ずつゆっくり何度も繰り返して言わせます。コーラス・リーディングである程度読めるようになったら，時間制限を設けてバズ・リーディングを行います。このとき机間支援して，読めない単語がある生徒を指導します。

　音読の最後に，何人かを指名し，1人ずつ音読させる個人読みを行います。個人読みでは，上手に読めればほめる，間違えた発音はその場で直すというフィードバックを与えることが大切です。ほめられれば，生徒は英語を発することに自信を持てるようになり，積極的に英語を使うようになるでしょう。間違えた生徒は一時的に自信をなくすかもしれませんが，別の機会にほめてあげましょう。複数の生徒が間違えるような発音があれば，全体でもう一度練習する必要があるとわかります。これは，指導についてのフィードバックにもなります。

4）ドリル

　ドリルは，オーラル・イントロダクションで導入した受け身の文を定着させる活動です。I wash the car every day. という能動態の文を受け身にする練習をします。最初は受け身にするという指示を日本語で与え，受け身の文を言わせます。2つ目の文からは能動文をキューとして与えるだけで，受け身の文を引き出します。どの文も全員で2回言わせた後，数名を指名して，1人ひとり言えるかどうか確認していきます。音読と同じように，複数の生徒が間違える場合は，全体でもう一度練習するようにします。

　口頭練習で言えるようになったら，練習した文をノートに書かせます。指導案にあげたように，言語文化の知識の観点からの評価規準として評価するならば，ノートを提出させる，あるいは紙を配布して，それに書かせて提出させることになります。生徒が書いたものを点検することによって，受け身の定着具合だけでなく，be動詞の定着具合も確認することができます。

5）まとめ

　まとめは，授業の締めくくりです。その時間に学習したポイントを確認します。最後にどれくらい時間があるかによりますが，ポイントの文を暗唱させたり，本文をもう一度音読させたりします。最後に，家庭学習や宿題の指示をして，授業を終わりにします。

第12章 中学校の指導案

中学2年生の授業指導案（受け身）

授業者：〜

Ⅰ．日時：〜年〜月〜日　〜時限
Ⅱ．クラス：2年〜組　〜名（男子〜名，女子〜名）
Ⅲ．教科書：*New Crown English Series 2*, Lesson 8, Get Part 1
Ⅳ．本時の目標：
　1．インドの5ルピー紙幣についての話を読んで理解する
　2．受け身の形式と意味を理解して，産出できるようにする
Ⅴ．観点別評価規準

観点	コミュニケーションへの関心・意欲・態度	表現の能力	理解の能力	言語や文化についての知識・理解
評価規準	オーラル・イントロダクションを理解し，反応しようとしているか。	———	教科書のパート1の本文を読んで，その内容を理解しているか。	受け身の形式と意味を理解して，産出できるか。
評価基準	教師の話を理解し，反応しようとしていればA，黙って聞いていればB，聞いていなければC。	———	教師が作成する内容理解問題で2問以上正解でA，1問正解でB，1問も正解できなければC。	受け身の文が正しく3つ以上書ければA，2つ以上でB，1つ以下ならばC。

Ⅵ．指導手順

時間	教師の活動	生徒の活動	評価規準・備考
1分	1．挨拶 Good morning, class.	Good morning, Mr/Ms.	

12分	2．オーラル・イントロダクション		評価規準［コミュニケーションの意欲態度］オーラル・イントロダクションを理解し，反応しようとしているか。
	（千円紙幣を見せて）Look at this. What is this?	1000円	
	Yes, this is a one thousand yen note. Do you use a one thousand yen note?	Yes.	
	Yes, we use one thousand yen notes in Japan.		
	（五千円紙幣を見せて）How about this?	Five thousand yen.	
	That's right. This is a five thousand yen note. Do you use five thousand yen notes?	Yes.	
	Yes, we use five thousand yen notes in Japan.		
	（一万円紙幣を見せて）How about this?	Ten thousand yen note.	
	Very good. This is a ten thousand yen note. Do you use ten thousand yen notes?	Sometimes yes.	
	Very good, we use ten thousand yen notes in Japan. We use yen notes in Japan.		
	（一万円紙幣の表を見せて）Look at the ten thousand yen note carefully（注意深く）. What do you see on the note?	A man.	
	Yes, we see a man on the note. Do you know who this		

man is? Good. We see Fukuzawa Yukichi on the note. Fukazawa Yukichi is seen on a ten thousand yen note. （五千円紙幣の表を見せて） Do you see Fukuzawa Yukichi on a five thousand yen note?	Fukuzawa Yukichi. No.
No, Fukuzawa Yukichi is not seen on a five thousand yen note. Who do you see on the note?	 Higuchi Ichiyo.
Very good. We see Higuchi Ichiyo on a five thousand yen note. Higuchi Ichiyo is seen on a five thousand yen note.	
（千円紙幣の表を見せて）Do you see Higuchi Ichiyo on a one thousand yen note?	 No.
No, Higuchi Ichiyo is not seen on a one thousand yen note. Who do you see on the note?	 Noguchi Hideyo.
Very good. We see Noguchi Hideyo on a one thousand yen note. Noguchi Hideyo is seen on a one thousand yen note.	
（一万円紙幣の表を見せて） Who is seen on this note?	Fukuzawa Yukichi.
That's right. Fukuzawa Yukichi is seen on a ten	Fukuzawa Yukichi

thousand yen note. Repeat. Once again. （五千円紙幣の表を見せて） Who is seen on this note? That's right. Higuchi Ichiyo is seen on a five thousand yen note. Repeat. Once again. （千円紙幣の表を見せて） Who is seen on this note? That's right. Noguchi Hideyo is seen on a one thousand yen note. Repeat. Once again. (Noguchi Hideyo is seen on a one thousand yen note. is seen の下に下線を引き「be動詞＋過去分詞＝受け身，〜される」と板書する)。see は「見る」という意味だね。seen は see の過去分詞と言います。seen は前の be 動詞，この場合は is と一緒になると「見られる」という受け身	is seen on a ten thousand yen note. Fukuzawa Yukichi is seen on a ten thousand yen note. Higuchi Ichiyo. Higuchi Ichiyo is seen on a five thousand yen note. Higuchi Ichiyo is seen on a five thousand yen note. Noguchi Hideyo. Noguchi Hideyo is seen on a one thousand yen note. Noguchi Hideyo is seen on a one thousand yen note. 教師の説明を聞く。

	の意味を表します。文全体では「野口英世は千円札に見られます」(この訳も板書)という意味になります。OK, then, please copy what is on the blackboard on your notebooks.	板書をノートに写す。	
15分	3．読解・説明 (ラージのイラストを見せて) You know who this boy is? Very good.（5ルピー紙幣のイラストを見せて）This is a note. It is used in India. Raji talks about the note. (単語の注釈と内容理解問題が印刷されているハンドアウトを配布する) Now open your textbook to page 92. Read and find answers to the questions on the handout. Now stop working and check your answers with your partners. (20秒後) OK, could you tell me your answers to No. 1, S1? Very good. How do you know it is true? Very good. So No.1 is true. (Rupee notes are used in India.と板書して，are used に下線を引く) are は be 動詞，	Raji. 読解を始め，ハンドアウトの質問に答える。 ペアで答え合わせをする。 S1: True. S1: The text says "Rupee notes are used in India."	ハンドアウトの配布。 評価規準［理解］教科書のパート1を読み，その内容を理解しているか。 机間指導。 答えを板書する。 use–used–used 原形–過去形–過去分詞と板書。

used は use の過去分詞です。規則動詞の場合，過去形と過去分詞は同じ形です。be 動詞と過去分詞がついた形だから，「使う」ではなくて「ルピー紙幣が使われる」という受け身になります。		
How about No.2, S2?	S2: It is false.	
That's right. How do you know it is false?	S2: The text says "You can see many languages on it."	
Exactly. So No.2 is false. on it の it は何を指しているのでしょうか。		
	S2: The note.	
そうです。the note ですね。		
How about No.3, S3?	S3: It is true.	
Very good. How do you know it is true?	S3: The text says "All these languages are spoken in India."	
Excellent! So No.3 is true. (All these languages are spoken in India. と板書して，are spoken に下線を引く。) are は be 動詞，spoken は speak の過去分詞です。speak は不規則動詞で speak-spoke-spoken と活用します。ですからこれも受け身の文です。「話す」ではなくて，「これらすべての言語が話されています」という意味になります。		speak-spoke-spoken 原形–過去形–過去分詞と板書
Very good. Now let's practice		

	reading aloud.		
8分	4．音読 Now, let's read the textbook, page 92, aloud. Repeat after me.	教師の後に続いて音読する。 コーラル・リーディング×2回 バズ・リーディング	新出単語の発音は丁寧に教える。適当に区切り，適切なリズム・イントネーションで音読する。机間指導する。
12分	5．ドリル （男の人が車を洗っているイラストを見せて）I wash the car every day. 車を主語にして，「車は毎日洗われます」という受け身の文にすると The car is washed every day. になるね。Please change the sentence into the passive, 受け身の文． I wash the car every day. Very good. Once again everybody. S5, say it again. Good. 同様に数人当てる。 （車が走っているイラストを見せて）How about this sentence. I use the car every day. Change this into the passive. Exactly. Once again everybody.	 The car is washed every day. The car is washed every day. S5: The car is washed every day. The car is used every day. The car is used every day.	評価規準［言語や文化についての知識・理解］受け身の形式と意味を理解して，産出できるか。

	Good. S6, say it again. Good. 同様に数人当てる。 女の人が掃除機をかけているイラストとテニスをしていてたくさんのボールが落ちているイラストについても同様に練習させる。	S6: The car is used every day. The room is cleaned every day. The balls are used every day.	
	Now look at the pictures. Can you write the four sentences on your notebooks? S7, could you write the sentence for this picture? 同様にイラストごとに生徒を指名して黒板に受け身の文を書かせる。 生徒が書いた文をチェックする。 Yes, you wrote the correct sentence. Very good. Well, you wrote almost correctly. You should put "used" here, not "use." Nice try!	4つの文をノートに書く。 指名された生徒が文を黒板に書く。	机間指導。 書くことの支援をする。 生徒が書いた文を添削。
2分	6．まとめ Today we studied the passive, 受け身. Today's homework is reading the textbook, page 92, five times. Good-bye, everybody. See you in the next class.	 Good-bye, Mr. / Ms. ～．	宿題の指示。

［ハンドアウト例］

Glossary
　note　　　　紙幣
　carefully　　注意深く
　speak　　　 話す
　spoken　　　話されて
　rupee　　　 ルピー（インドの通貨単位）
　・・・・・・・

True or False　次の文が本文の内容に合っていればTに，合っていなければFに○をつけなさい。

1. People use rupee notes in India.
   (T / F)
2. You can see one language on a five rupee note.
   (T / F)
3. People speak many languages in India.
   (T / F)

第4部

授業を振り返る視点

第13章 教師の振り返り

　日本語が多い授業から英語での授業を目指して,第一歩を踏み出すことはとても勇気がいることです。「〜先生,いつもと違う」「言っていること,わかんない」のような生徒の声を聞くと,今までの授業パターンに戻ろうかと思ってしまうかもしれません。最初から生徒がよくわかったと思い,教師が目標としたことを身につけさせるような授業はできません。また,いくら経験を積んだとしても完璧と言える授業もありません。しかし,すべての授業において,指導方法を工夫して,前回より少しよくなったと思えるような授業を心がけることは大切です。そのためには,授業を振り返る習慣をつけることが重要です。

　教師が教師として成長していくことは,教師の専門性を高めていくことです。教師の専門性を高めるには,従来から熟達した教師の知識や技能を真似し,覚えていくという方法がとられています。ショーン（Schön, 1983）は,教師を「省察的実践家（reflective practitioner）」と位置づけ,教師として成長していくためには,授業を省察する,振り返ることの重要性を指摘しています。

　私たちは,他の人の行動を見て学んだり,話を聞いて学んだり,書物を読んで学んだりします。そして自分が経験することからも学びます。コルトハーヘンとワベルズ（Korthagen & Wubbels, 2010）は,「経験による学びの理想的なプロセスとは,行為と省察が代わる代わる行われるもの」であり,そのプロセスは5つの局面,「行為,行為の振り返り,本質的な諸相への気づき,行為の選択肢の拡大,そして試行」に分けられると述べています。次ページの図1は,行為を振り返ることにより,気づきが起こり,その気づきに基づき,行為の選択肢が増え,それに基づき,新たな行為がなされる,というサイクルを表しています。

　すなわち,教師は授業での教授行為を振り返ることにより,その行為の本質的な問題点について気づくかもしれず,その気づきによって,教授行為についてより幅広く選択肢を考えることができるようになる。そして,

図1 省察の理想的なプロセスを説明する ALACT モデル
（Korthagen & Wubbels, 2010）

新たな教授行為を試みることができるようになることを示しています。

 それでは何を省察すればよいのでしょうか。コリンズとカプール（Collins & Kapur, 2014）は，自分の行為と他人の行為の比較，自分の現在の行為と過去の行為の比較の2つを省察の対象としています。英語教師に当てはめるならば，前者は自分の授業と名人・達人と呼ばれる人の授業や同僚の授業とを比べてみることになります。達人の授業と比べて，何ができていて，何ができていないかなどを考えることになります。後者は，自分の1年前や半年前，あるいは，前回の授業と今回の授業を比べて，それの違いについて考えることが省察することになります。1年前と比べて，授業がどう変化したか，あるいは変わっていないかなどを考えます。

 省察の具体例を考えてみましょう。高校で英語を教える安藤先生（仮名）は，今日は，3時間目にコミュニケーション英語Ⅰの授業が1年1組でありました。その授業を振り返って，思い浮かんでくることを書き留めています。次のようなことが浮かんできました。これは図1のALACTモデルの②「行為の振り返り」になります。

1）英語が苦手なA君，ウォームアップのゲームのときは楽しそうにしていたけれど，英語で説明を始めると途端に下を向いてしまった。
2）英語が得意なBさん，英語の説明にうなずいていた。後についてリピートするときも大きい声で言っていた。
3）新出事項である関係代名詞 what の導入，下を向いてしまった生徒が多かった。

次に，浮かんできた授業中の生徒の行動とそれに対して自分はどう感じたのかを考えてみます。同様に，教師の行為と生徒の反応について自分はどう感じたのかを考えます。これは ALACT モデルの③「本質的な諸相への気づき」になります。安藤先生は次のように考えました。

1') A君はゲーム的な活動は乗ってくるけど，英語の勉強と思うと扉を閉じて聞いてくれないようだ。どうしたらよいのだろうか。
2') Bさんは英語ができるし，授業にも積極的に参加してくれている。もっと力をつけてあげたいな。
3') What do you have in your hand? Oh, you have a coin in your hand. What do I have in my hand? Do you know what I have in my hand? This is what I have in my hand. のように，疑問詞の what の例から入って，間接疑問文，それから関係代名詞の what を導入したけれど，生徒には難しかったようだ。どうしたらよいのだろうか。

ここまで安藤先生は，自分1人で省察を行いました。自分の授業の良い点，悪い点が浮かびあがってきます。そして，問題となる本質的側面への気づきが起こります。この本質的な問題を自分1人で解決できれば，次の解決策となる選択肢の幅が広がることにつながります。しかしながら，自分だけでは解決できない場合は，選択肢が増えることはありません。

ここでポイントとなることが，同僚性です。横溝（2009）は，教師の自己教育力には個人差があり，その自己教育力を向上させる必要があると述べています。そして，その方法が教師同士の成長支援です。1人だけでは行き詰ってしまう場合でも，互いに実践を批評し高め合う同僚がいれば，問題解決の糸口をつかむことができるでしょう。安藤先生は，同僚の田川先生（仮名）に相談しました。安藤先生は田川先生から，次のようなアイデアをもらうことができました。

1") A君は英語に自信がないだけなのではないかな。ゲームが楽しめるならば，ある程度のことはわかっているはずだから，できることをほめてあげて，自信を持たせてあげたらどうだろうか。

2") Bさんは，グループワークで他の生徒と一緒に課題にあたらせてみたらどうかな。同じ課題に取り組むときに，自分がわかっていることを他の生徒に伝えることで理解がより深まることにつながるのでは？また，英語が好きな生徒には授業外の課題を与えてもよいかもしれないね。

3") 安藤先生は自分の手の中に硬貨を握っておいて，What do you have in your hand? と自問自答したけれど，手を握っているイラストと手の平に硬貨があるイラストを準備しておいて，それを見せながら，What do you have in your hand? と質問したならば，What do I have in my hand? が不自然にならなかったのではないかな。またDo you know what I have in my hand? は生徒に質問して，Yes, No だけでも，できればCoin とか Candy とか言わせたらもっとよかったかもね。

　安藤先生は，田川先生と相談することで授業を改善するさまざまなヒントをもらうことができました。これはALACTモデルの④「行為」の選択肢の拡大になります。安藤先生は，拡大した選択肢を参考に新たな行為の⑤「試行」を行うことになります。そして，これは新たなALACTサイクルの始まりです。

　このように自分の授業を省察する，振り返ることにより，何がよくできていて，何が問題なのかに気づくことができます。そして，互いに教師として成長していこうという同僚と省察を共有することにより，1人では思いつかなかったことに気づき，選択肢の幅を広げていくことができます。それは，次の授業での教授活動の改善につながるものでしょう。

　英語で授業を行うには，さまざまな問題があるでしょう。授業を振り返り，問題の所在をつきとめ，その解決策を同僚と考えることで，前の時間よりも一歩ずつ前進していくことができます。多少の困難はいつでもあるものでしょう。それを乗り越えていく喜びも大きいものです。失敗にめげず，振り返り，それを乗り越える授業を目指してください。

第14章 教師のトレーニング

　英語の授業を英語で行うために，教員は何をすべきなのでしょうか。英語教員としての自己研修について，考えてみます。

1）教室英語の学習
　英語教師としての免許を取得しているのに，日々の公務で忙しい中，どうして英語を勉強しなければいけないのでしょうか。それは，意識的な努力を怠れば，大学を卒業してから毎年英語力が落ちていくのは明らかだからです。また，英語教師にとって，専門教科である英語そのものの研修に励むことは当然なことです。英語教師は，英語のプロでなければなりません。英語が好きで，英語の勉強に励んでいる教師の姿は，必ず学習者にもプラスの波及効果をもたらすでしょう。

　英語の授業をできるだけ英語で進めるためには，教室英語の表現を身につけることです。実際の授業の場面でよく使う典型的な表現がたくさんあります。また，ティーム・ティーチングでALTと打ち合わせをするときにも，教室英語の知識が必要になります。

　しかし，限られた語彙と文法を使って，生徒に簡潔に説明することは，容易なことではありません。特に教室英語は，生徒にとっても重要なインプットとなりますので，生徒に身につけさせたい表現を使用することが望まれます。また，できるだけ簡単で既習事項を使った表現を心がけましょう。教室英語を学習するための資料には，高梨（2004），染谷（2013）などがあります。英語教師向けの月刊誌『英語教育』では，教室英語の特集記事が組まれることがあります。さらに，小学校で外国語活動が必修化されたことにより，小学校で使用されている教室英語も把握しておきましょう。文部科学省（2009）の研修用のガイドブックには，教室英語の例文があります。

　このような資料を使うほかにも，ALTや他の先生の授業で，これはと思う表現をメモしながら観察しましょう。

2）英語語学番組の活用

NHKのラジオやテレビの英語講座は，教員としても，英語の学習者としても有効ですので，積極的に利用しましょう。番組は，CEFR（ヨーロッパ言語共通参照枠）のレベル別になっています（表1参照）。A1からC1に進むに従って，レベルが高くなります。小池（2010）によると，B2は海外留学をせず，国内だけで英語力をつけることができる最高レベルであり，日本ではB1程度が学習者として1つの目標となると指摘しています。

番組の利用法は，ただ聞き流すだけではなく，例えばモデルに続いて発音したり，テキストを見ずに本文の音読を聞いて内容理解の問題に解答したりするような練習をしましょう。今日では，予約録音できるICラジオが販売されていますので，録音することが容易です。また，ファイルをコピーすれば，録音した番組を持ち歩いて，隙間時間に聞くことができます。語学番組は，教師の立場で授業するためにも参考となる点が少なくありません。自分ならどう教えるかを意識しながら，番組を聴いてみましょう。

「基礎英語1，2，3」は，中学生向けの講座ですが，実際に教室英語で使用するのはこのレベルの英語です。基礎英語で使用されている英語を駆使すれば，教室英語で必要なことはだいたい網羅できます。

表1　NHKのおもな英語番組

CEFRレベル	目安	番組名
A1	基礎段階の言語使用者	「基礎英語1，2」
A2		「基礎英語3」
B1	自律した言語使用者	「入門ビジネス英語」
		「ラジオ英会話」
B2		「攻略！英語リスニング」
C1	熟達した言語使用者	「実践ビジネス英語」

3）インプット量を増やす

普段から自分のレベルに合った英語を読むことです。何を読んでいいかわからない場合は，高校生用のサイドリーダーの見本や採用していない他社の教科書の英文を読むことから始めましょう。最初は時間がかかりますが，一度書き手の英文に慣れると，読むスピードが上がります。

分量を多くこなすには，英字新聞やペーパーバックがお勧めです。英字新聞は，あらかじめニュースや日本語の新聞で，記事の内容を頭に入れておいて，それから読み進めると理解しやすくなります。日本語で読んで内容が理解できない記事は，英語で読んでも理解できません。*The Japan Times* は，海外記事が多いので，すべてを理解するには背景的な知識が必要です。自分で興味がありそうな記事を選んでください。

　ペーパーバックは，自分の気に入った作家や，その時代のベストセラーに挑戦しましょう。内容がおもしろくなければ，無理に続ける必要はありません。気軽に楽しく読めるものを選んでください。

　また，英英辞典に親しむことが，教師の英語の表現力を高めるために役立ちます。例えば，語義の定義は，英和辞典では得られない英語のニュアンスを知ることができます。また，用例を丹念に読むことによって，その単語の語感も豊かになってくるでしょう。これと思う表現は，メモしておいて，機会があれば使えるようにしましょう。

4）教材研究

　授業を行う上で，最も重要なのは，教材研究です。教材研究は，教材の背景となっている文化に関する研究と，使用されている言語材料の研究の両方を含みます。授業で扱う内容だけの調査では不十分です。実際には，奥深くまでの調査を行い，授業で紹介するのはそのほんの一部です。海に浮かぶ氷山のようです。

　英語教師にとって，最も恵まれているのは，自分の英語を聞いてくれる聴衆（＝生徒）がいることです。しかし，生徒を実験台にするわけにはいきませんから，事前の準備を万全にして授業に挑みます。まず，オーラル・イントロダクションの素案を書いてみることから始めましょう。

　オーラル・イントロダクションでは，まず身近なことがらについて，絵や写真などを使って，生徒とやりとりしながら，徐々に話題を教科書の題材に移していきます。新言語材料をできるだけ使わないようして，既習の語彙や文法で，新しい教材の内容を説明しましょう。簡単なようですが，生徒がわかるような英語で説明するのは，なかなか容易ではありません。

　注意すべき点が2つあります。まず，生徒が答えやすい発問を心がけることです。答えはわかっているのに，英語で表現できないと，この活動

が滞ってしまいます。次に，教師が発問して1人の生徒だけが答えるという1対1の形態にならないようにすることです。絶えず，複数の生徒やクラス全員を巻き込みながら，できるだけ英語でやりとりします。この教師と生徒，生徒と生徒のやりとりが，教科書の内容の要約となり本時の終了時，あるいは次の授業の最初に生徒が口頭でリテリングするのにも役立つように工夫します。

　オーラル・イントロダクションでは，本時の題材のすべてを導入する場合と，一部だけを導入して後はリーディングの活動で読み取らせる場合があります。最初は3分くらいでオーラル・イントロダクションを始めて，徐々に長くしていきます。余裕が出てきたら，生徒に問いかけて反応を取り入れながら，新教材の導入を図っていきましょう。

　オーラル・イントロダクションと同時に，教室英語も積極的に使うようにしていきます。こんなとき，どう表現したらよいか，と悩むことが毎時間出てくると予想されます。その都度，ALT に聞いたり，辞書で表現を調べたりしましょう。

5）名人の授業に学ぶ

　毎年，模範となる英語の授業が公開されています。例えば，全国英語教育研究団体連合会（全英連），ELEC 同友会英語教育学会，語学教育研究所（語研）などの年次大会では，実際の授業を生やビデオで公開しています。特に，全英連の大会では，ステージを教室と見立てて教卓や机を並べ，教師が普段の授業を公開します。教師の指導も生徒の反応も生で見られるので，非常に臨場感があります。授業の後には，授業者と指導助言者が解説をしてくれますので，授業の理解を深めることができます。

　公開授業のほかにも，英語教育・達人セミナーが全国各地で研修会を開催しています。セミナーでは，地域を代表する教師が中心となって，授業に使える指導技術を紹介しています。さらに，セミナーの常連の講師の授業は，DVD に収録されたものが販売されています。

　これらの名人と目される教師の授業を観察し，自分の授業で使用できる技術を身につけましょう。教師は，それぞれ得意・不得意な分野があります。名人の授業をただ真似るのではなくて，ビデオ撮りした自分の授業と，名人の授業と見比べてみましょう。そうすれば，自分の授業の課題点が明

らかになります。

　また，毎時間の授業の反省も必要です。名人の授業を思い浮かべながら，自分の授業で気がついた点をメモして，授業を振り返りましょう。

6）自分の英語力を検定する

　英語教師が英語研修のために利用する検定試験の受験料は，現在は行政側からの予算的な援助の制度が整っていません。しかし，定期的に自分の英語力を検定して，英語教員としての資質を高めましょう。

○実用英語検定試験（英検）

　　2014年度から英語教育の改革が推進され，すべての英語教員は英検準1級レベルを確保することや，生徒は高校卒業時に英検2級から準1級レベルの英語力を身につけることを目指すという目標が掲げられています。

○ TOEIC（Test of English for International Communication）

　　国際的なコミュニケーション能力を測定するためのテストで，一部の企業の採用人事で重視されます。英語教員は730点以上のスコアの取得が目標とされています。

○ TOEFL iBT（Test of English as a Foreign Language）

　　主に米国やカナダの大学に留学を志願する場合に課される試験です。項目応答理論による多肢選択形式の客観テストで，受験者のレベルによって問題が選ばれて出題されます。目標とするのは，iBT版のテストで80点ですが，従来のPBTでは550点，コンピュータ版のCBTでは213点に相当します。直後に Test of Written English（TWE）というエッセイ・ライティングの試験があります。TWE は TOEFL とは別に全体的評価で評点が出されます。

　検定試験を受ける場合には，以上のようなものから自分の条件に合ったテストを選んで受験しましょう。検定試験を受験した経験がまったくなければ，まずは英検の準1級から始めるのがよいでしょう。その他に通訳案内業国家試験，国連英検，商業英語検定試験などもあります。どのテストもそれぞれ特徴があるので，あらかじめ問題集で試験形式に慣れておきましょう。

第15章 自律した学習者を育てる

　英語の力を高めるためには，学校の授業だけでは学習時間が足りません。学校外でも，そして学校を卒業した後でも，生徒たちが学習を続けていくことができるよう，自律的に学習する態度を育成することが重要です。
　ところで，学習者の自律とはどのようなものなのでしょうか。自律の研究分野で有名なオレックは，学習者の自律を「自分の学習を管理する能力（Holec, 1981）」と定義づけています。さらにベンソンはこの定義をさらに明確にして「自分の学習を学習管理，認知プロセス，学習内容の3つのレベルにおいてコントロールする能力（Benson, 2001）」と定義づけています。つまり，自律した学習者とは，自ら学習の目的や目標を掲げ，学習する内容や方法の計画を立てて，その学習計画の進捗状況について自己診断・反省ができる学習者である，と言えるでしょう。では，実際にこのような学習者を育てるために，私たち教師が実践したいことについて考えてみましょう。

1. 学習内容をコントロールさせる

　生徒たち自身に学習をコントロールさせるには，実際にどうすればよいか，アイディアが浮かばないという教師は多いのではないでしょうか。確かに学校現場では，生徒に学ぶ内容を決めさせるのは難しい場合もあるでしょう。そこでOzeki（2007）は，生徒がチームを組み，自分たちで課題を設定，解決していくプロジェクト型の学習を取り入れて，生徒が自分で課題を選べるように工夫した授業の実践を推奨しています。このプロジェクト型学習の進め方について，玉木（2009）は次のように導入，計画，遂行，発表，省察と5つの段階的作業を挙げています。

①導入
　　プロジェクトのテーマ，行われる場所などについて決定する段階。また，プロジェクトに取り組むグループを形成する。

②計画

　何を知りたいのか，どのように調べるのか，誰が何を担当するのか，どのようにプレゼンテーションをするのか，などについてグループで相談する。

③遂行

　実際に作業やリサーチを行う。通常は教師が行う事柄，例えば話し合いの司会や作業結果の記録，調査活動，時間の割り当てといったことをグループの中で学習者が担う。

④発表

　提示可能な作品ができ上がることが重要で，提示はクラス内や学内にとどまらず，学外へと拡大することも考えられる。作品の形としては，初心者ではコラージュやポスター，言語運用能力が高い学習者であれば，長めのテキスト，口頭発表，音声教材オやビデオ制作なども考えられる。

⑤省察

　特に，プロジェクト型の学習に慣れていない学習者にとっては，プロジェクトの成功の可否にかかわらず，振り返りの時間を持つことは有効である。良かった点，反省点，プロジェクトを通して学んだ事柄，グループの中での自分の役割などに関して考察する。

　このうち，④で示されている発表には，ポスターセッションやプレゼンテーションを通じて口頭で発表させたり，壁新聞や学校のホームページを利用して情報を発信させたりする活動が考えられます。また，⑤の省察では，生徒による自己評価，相互評価を積極的に行わせます。後述するポートフォリオを活用した評価を取り入れるとよいでしょう。

　また，ダム（Dam, 1995）は授業で使用するためのオーセンティックな教材を生徒自身に見つけさせる取り組みについて紹介していますが，これも生徒たち自身が学ぶ内容をコントロールするのに役立つ取り組みだと思われます。

2．学習ストラテジーを指導する

　学習ストラテジーとは，学習者が言語を学習する際に行う思考活動や行動のことを言います。例えば，英語を話すときには間違いを恐れずに話すように心がけるとか，単語を覚えるときには発音しながら何度も書いて覚

えるといったものが学習ストラテジーの例として考えられます。この学習ストラテジーを授業で指導することが，自律した学習者を育てるためには大切なことです。小嶋・尾関・廣森（2010）は，授業で学習ストラテジーを指導する場合には，教科書の内容に沿って，その都度学習者に必要と思われる学習ストラテジーを明示的に教えることを勧めています。では，学習ストラテジーの指導はどのように行えばよいのでしょうか。尾関（2004）はその指導について次の5段階のアプローチを紹介しています。

①準備段階

　学習ストラテジーをどの程度知っているのか，また，学習ストラテジーをどの程度活用しているのかを，学習者に考えさせる段階。ここでは，どのような学習ストラテジーを使っているのか，学習者に質問したり学習者同士で話し合わせたりします。

②提示段階

　与えられたタスクを遂行するのに最も効果的であろうと思われる学習ストラテジーを紹介する段階。新しい学習ストラテジーを提示し，いつ，どのように使うのかについて説明します。

③練習段階

　タスクを使い，学習ストラテジーを使用する練習をする段階。必要に応じて，教師もストラテジーの使用を援助します。

④評価段階

　学習者が，学習ストラテジーをどのように使用したか，また，それがどのように役立ったかについて振り返り，評価をする段階。自分の学習を内省する重要な段階です。

⑤応用段階

　新しいタスクで，学習したストラテジーを練習する段階。例えば，宿題などで学習者にタスクを課し，学習者が自分ひとりで学習ストラテジーを使いタスクを遂行したら，それに対して教師がフィードバックを与えるようにします。

日々の授業の限られた時間の中で，常にこのステップ通りに授業を行うことは難しいと思われます。時には最初の準備段階と提示段階はハンドアウトにして事前に配布したり，最後の応用段階は週末の課題にしたりするなどして，時間のやりくりをして取り入れるとよいでしょう。

3．ポートフォリオを活用する

　ポートフォリオとは,「学習者がある領域・プログラムにおける進歩の度合いを自己評価するために収集する学習資料（小嶋・尾関・廣森, 2010)」です。学びのプロセスや結果を蓄積し, 自己省察を促すことができるポートフォリオの活用により,「学習者のメタ認知能力が継続的に高まり, 自己の学びへの責任感と自律的姿勢が育まれる（小嶋ら, 2010）」ことが期待できます。

　ポートフォリオには主に次のような3つのタイプがあります。

①作業ポートフォリオ
　　授業中や宿題で作成したレポートや作品など, 学習資料を一時的に保管するためのポートフォリオ。
②展示ポートフォリオ
　　作成した作品のうち, 最も優れたものを収めたポートフォリオ。
③評価ポートフォリオ
　　学んだことに対する自己評価を記録するポートフォリオ。学習目標に対する習得度を自己省察し, 記述を中心に記録する。

　次ページに教科書の内容に沿ったポートフォリオシートの例を挙げておきます。このポートフォリオシートのほか, 小テストやスピーチ原稿, また学習ストラテジー指導用のハンドアウトなど, 授業で扱った学習資料をファイルに閉じさせることで, 生徒が学びを振り返る資料とするのです。また, 教師はできあがったポートフォリオについて生徒と話し合ったり, コメントを記入したりして, 生徒の振り返りをサポートします。さらに, 教師の側も生徒のポートフォリオを通じて自らの授業を省察することができるということも, ポートフォリオを活用した授業の素晴らしい点だと思われます。

　（次ページのポートフォリオは *Compass English Course I Revised*（大修館書店）を使用した例。斜字体部分は生徒や教師が記入する部分。）

　ところで, 欧州評議会が言語学習の生涯学習的な継続性を支援するツールとして開発した European Language Portfolio（以下 ELP）が注目を集めています。ELP は, 言語に関する資格や CEFR（Common European Framework of Reference for Languages, ヨーロッパ言語共通参

第15章　自律した学習者を育てる

Lesson 5 Saki's First Trip to Australia

		Self-evaluation
Can-Do	子供の頃の経験を英語で話すことができる	5/5
What I Need to Improve:	もっとスラスラと英語が頭に浮かぶようにする	
Comments:	中学校の時にはよくわからなかった完了形の使い方が，少しわかってきた気がする	
	英語で話そうとしても，言葉が出てこないことが多くてくやしい	
Comments from Your Teacher:	完了形をどんな時に使うのか，分かってきたようですね。よく頑張りました！たくさん英語を使って話すのが一番。昼休みなどにALTの先生にもっと話しかけてみたらどうでしょう。	

The Words and Phrases I Have Learned

Part 1	captain, seatbelt, sign, purser, while, flight, attendant, orange, magic, smile
	turn off, after a while
Part 2	passport, customs, officer, abroad, nervously, nod, stare, confused, finally, arrival, lobby, relieved
	stare at
Part 3	party, Korean, exchange, invite, classmate, anime, enjoyable, impress
	give a party for, have a ~ time
Part 4	mall, such, shy, expression, respond, relax, confident
	such as, What's up, How's it going?, show up

About the Text I Have Read (Comments, Questions)　　Self-evaluation　4/5

- please がマジックワードだとわかった
- "No fruits?" に「はい」と答えるには，"No." と言うところがよく分からない
- 使われている語が難しくて，意味が分かりにくいところがあった
- 海外に一人で行って，英語が聞き取れない，言いたいことが話せないのは不安だろうなと思った

The Grammar I Have Learned

		Self-Evaluation			Self-Evaluation
Part 1	現在完了（完了・結果）	5/5	Part 3	間接疑問	2/5
Part 2	現在完了（経験）	5/5	Part 4	動名詞	4/5

Comments, Questions (If any)	Teacher's Comments
間接疑問がよく分からない。Do you know where does she live? ではダメ？	確かに語順が難しいですね。p.65を見直して，もう一度練習してごらん。

183

照枠）に基づいた能力記述文を用いた自己評価や教師の評価を記入する言語パスポート（language passport），学習目標の設定および自己評価を目的とした言語学習記録（language biography），学習成果などさまざまな関連資料を記録・保管する資料集（dossier）の3つのセクションから構成されています。ELPのサンプルは欧州評議会のサイト（www.coe.int/portfolio）からダウンロード可能です。各校でELPの形式に沿ったポートフォリオを策定する場合，使用する能力記述文は，CEFR-J（CEFRの能力記述文の形式に則り日本人学習者用に新たに策定されたもの。詳細は『CAN-DOリスト作成・活用 英語到達度指標CEFR-Jガイドブック』を参照）を活用するとよいでしょう。

4．家庭学習のさせ方

英語という教科は，外国語や外国の文化について理解を深めるという教養的側面に加え，英語を使えるようになるという技能的側面を持っています。技能向上のためには，授業中の練習だけでは十分でなく，授業外での個人練習が欠かせません。つまり英語力向上のためには，家庭学習が欠かせないのです。

文法訳読式授業では，教科書本文をノートに写し，その横に日本語訳を書いてくるという予習形態が一般的でした。このやり方には，日本語を通して構文や語彙を理解できるといった利点があります。逆に問題点は，時間がかかることや，日本語訳が最終目的になってしまうことです。英文の理解ができているにもかかわらず，生徒が常に日本語訳を求めてしまうような状態は，英語で行う英語の授業では望ましいものではありません。

「英語で行う英語の授業」では，どのような予習・復習をさせたらよいのでしょうか。英語を日本語に訳すことが最終的な目標ではありません。生徒が積極的に英語のインプットを求め，それを取り込むために練習し，実際に使っていくというサイクルを確立できるような予習・復習の方法を示したいものです。卒業してもこうした勉強方法を続けていけば英語力を伸ばすことができる，と生徒が実感できる方針を示せれば理想的です。予習・復習のやり方を示すことは，最終的に生徒が自律的学習者になるための手段を示すこと，と言えるでしょう。

1）予習のさせ方
(a) 予習は共通プリントで

生徒が予習に慣れていない，予習のやり方がわからない場合は，予習プリントを作成し，学習のポイントを示すのがよいでしょう。複数の教員で同一学年を担当している場合は，フォーマットを統一した上で，持ち回りで共通プリントを作成すると負担が減ります。プリントに載せる項目には，新出の（場合によっては既出の）重要な文法項目，文構造，イディオム，コロケーションを問うものや，内容に関することを問うものがあります。こうすることで，授業における日本語の解説を減らし，教師と生徒の英問英答や，生徒同士で英語を使う時間を確保します。以下に予習プリントに載せる項目の例を挙げます。

①重要な語句・文を抜き出させる

日本語訳を載せておき，教科書本文からそれにあたる語句や文を抜き出させます。

日本語の意味	教科書中の表現
山の頂上	
私は道に迷った。（4語）	
彼の村の人たちが私の面倒を見てくれた。	

（上から，summit, I lost my way, His people took care of me.）

②文法事項の解説を載せ，例文を探させる

教えたい文法項目の簡単な解説を載せ，その項目が本文中のどこにあるのかを抜き出させます。

> ＊（名詞）＋ 過去分詞 ＝ ～された （　　）
> 過去分詞 が後ろから前の名詞を説明する
> 　（例）My brother is a fan of cars made in Germany.
> 　　「私の兄はドイツ製の（ドイツで作られた）車が好きです。」
> 問題：教科書22～23ページから上と同じ形を含んだ文を2つ抜き出しなさい。

③辞書を引かせるような問題を載せる

　自律的学習者になるためには，自分で辞書が引けなければなりません。時には辞書を引かせ，文脈に合う多義語やイディオムの意味を探させたり，品詞を問うたりする問題もよいでしょう。

> But such a shortcut only reduces the response lag ...
> 問：下線部の単語の品詞と意味を書きなさい。（　　　　　　　）

④ TF クエスチョンに加え，答えの根拠になる部分に下線を引かせる

　内容真偽問題を出し，その答えの根拠となる本文中の箇所に下線を引かせます。根拠としては生徒に注目してもらいたい箇所を選ぶようにします。

⑤トピックセンテンスを選ばせる

　段落を指定して，その段落中のトピックセンテンスを抜き出させます。

(b) ある程度自主性に任せて予習させる

　生徒に予習をする習慣がついてきたら，次のような指示を与え，ある程度自主性に任せてもよいでしょう。

・自分で使いたいと思う単語や句を5つ以上選び，意味を書いてきなさい。
・一読してわからない文だけを抜き出してノートに写し，自分なりに意味を考えてきなさい。
・本文は読まずに，タイトルと写真だけを見て，予想できることを英語で書いてきなさい。

　予備知識なしで読ませたい時，またスキミング，スキャニングといった読み方を一斉に指導したい時などは，あえて予習をさせないほうがいいこともあります。指導内容に応じて柔軟に考えましょう。全体として，最初はある程度方針を示し，次第に自主性に任せていくのがよいでしょう。

2）復習のさせ方

　復習では，学んだ項目を使い，生徒の発表能力を向上させるような課題を与えるとよいでしょう。以下に例を示します。

(a) 学んだ教材を音読させる

　理解が済んだ英語の文章を音読することは，スピーキングの練習になります。授業では，個々の単語の発音，イントネーション，文強勢などに注意させながら，音読の指導を行います。さらに家庭での音読を宿題にします。ただし，音読をしてきなさいという指示だけでやって来る生徒は多くありません。家庭で音読するように指示したら，次の時間に確認する活動を行います。読んだ内容を口頭で再生させるリテリングや，ディクテーションなどを行いましょう。または以下のように一部を日本語に変えた音読シートを作成し，日本語部分を英語に変えて音読してくるよう指示します。次の時間では，日本語部分を英語で書かせたり，話させたりする確認テストを実施します。

> After I returned to the US, I began to (金を集める) for the school. I was living as cheaply as possible so I could save the money I earned (看護師として). I wrote a lot of letters (寄付を求めるための).

(上から raise money, as a nurse, to ask for donations)

(b) 要約を作成させる

　本文の要約を作らせることで，ライティングの練習をさせることができます。最初はキーワードを入れれば完成するような穴埋め式の要約を完成させることから始めます。そのうち，段落ごとにトピックセンテンスを抜き出させ，それらをまとめる課題を与えます。まとめ方に慣れてきたら，自分で要約文を書くように指示します。要旨を1文でまとめさせるのもおもしろい課題です。グループごとに誰の要約がいいかを比較させてもよいでしょう。

(c) 自分の意見を書かせる

　意見を言わせる課題は，生徒がやってみたくなるような課題設定にする必要があります。課題のレベルが生徒の現在のレベルと合っているかどうかもよく考えましょう。筆者の意見に賛成かどうか，それはなぜか (Do you agree or disagree with the author? Why?)，主人公の立場だったら，

あなたはどうしたか（What would you have done in the hero's position?）などという質問は多くの課で使えます。内容によっては，さらに資料などを使って発展的に考えさせることも可能です。*Compass I* の Lesson 2 "Nature's Number Ones" では，最も小さい動物，最も速く泳ぐ動物，など自然界のさまざまなナンバーワンが紹介されています。これを読み終わった後であれば，生徒に自分が知っているナンバーワンを英語で紹介してもらうという活動が考えられます。(1) in your family, (2) in your class, (3) in your club, (4) in your school などのカテゴリーを設定して，好きなカテゴリーを選ばせ，その中でのナンバーワンを紹介させます。普段からアンテナを張って，生徒の興味関心に沿った復習課題を与えましょう。

参考文献

Benson, P.（2001）*Teaching and researching autonomy in language learning*. Harlow: Longman/Pearson Education.

Collins, A., & Kapur, M.（2014）Cognitive apprenticeship. In R.K. Sawyer（Ed.）*The Cambridge handbook of the learning sciences Second edition*.（pp.109-127）Cambridge University Press.

Dam, L.（1995）*Learner autonomy 3: From theory to classroom practice*. Dublin: Authentik.

Dörnyei, Z.（2001）*Teaching and researching motivation*. Harlow: Longman.

Field, J.（2008）*Listening in the language classroom*. Cambridge University Press.

Harmer, J.（2001）*Practice of English language teaching*. Harlow: Longman.

Harmer, J.（2004）*How to teach writing*. Harlow: Longman.

Holec, H.（1981）*Autonomy and Foreign Language Learning*, Oxford: Pergamon Press.

Kern, R.（1989）Second language reading strategy instruction: Its effects on comprehension and word inference ability. *The Modern Language Journal*,73,135-149.

Korthagen, F., & Wubbels, T.（2010）「実践からの学び」F. Corthagen（編著）『教師教育学　理論と実践をつなぐリアリスティック・アプローチ』（pp.35-61）学文社

Krashen, S.（1982）*Principles and practice in second language acquisition*. New York: Pergamon Press.

Krashen, S.（1984）*The input hypothesis: Issues and implications*. New York: Longman.

Larsen-Freeman, D., Anderson, M.（2011）*Techniques & principles in language teaching*. Oxford: Oxford University Press.

Levelt, W.J.M.（1989）*Speaking from intention to articulation*. Cambridge, MA: MIT Press.

Long, M. (1996) The role of the linguistic environment in second language acquisition. In W. Ritchie & T. Bhatia (Eds.) *Handbook of second language acquisition* (pp.413-468). San Diego: Academic Press.

Long, M., & Robinson, P. (1998). Focus on form: Theory, research, and practice. In C. Doughty & J. Williams (Eds.), *Focus on form in classroom SLA* (pp. 15-41). Cambridge: Cambridge University Press.

Nation, I.S.P. (1990) *Teaching and learning vocabulary*. Boston, MA: Heinle and Heinle.

Nation, I.S.P. (2001) *Learning vocabulary in another language*. Cambridge: Cambridge University Press.

Nation, I.S.P. (2009) *Teaching vocabulary: Strategies and techniques*. Boston, MA: Cengage Learning.

Ozeki, N. (2007) Project work designed to develop learners' metacognition. *Annual Review of English Learning and Teaching* (The JACET Kyushu-Okinawa Chaper), 12, 61-65.

Schön, D. A. (1983) *The reflective practitioner, how professionals think in action*. New York: Basic Books.

Swain, M. (1985) Communicative competence: Some roles of comprehensible input and comprehensible output in its development. In S. Gass & C. Madden (Eds.), *Input in second language acquisition* (pp. 235-253). Rowley, MA: Newbury House.

Underwood, M. (1989) *Teaching listening*. Longman.

安藤昭一(1979)「速読の方法」波多野完治著.『読む英語』pp.103-131. 研究社

泉惠美子(2012) 「スローラーナーのつまずきの原因を探る」『英語教育』2012年, Vol. 61, No.4, 7月号

長勝彦(1997)『英語教師の知恵袋(上巻)』開隆堂

尾関直子「学習ストラテジー指導は5段階アプローチで」『英語教育』2004年, Vol. 53, No.7, 10月号

小川芳夫(編)(1982)『英語教授法事典新版』三省堂

小串雅則(2011)『英語検定教科書――制度, 教材, そして活用』三省堂

金谷憲他(編著)(2004)『高校英語教育を変える和訳先渡し授業の試み』三省堂

小池生夫(監修)(2010)『企業が求める英語力』朝日出版

参考文献

小嶋英夫・尾関直子・廣森友人（2010）『成長する英語学習者　学習者要因と自律学習』大修館書店

齋藤榮二（1996）『英文和訳から直読直解への指導』研究社

靜哲人（2009）『英語授業の心・技・体』研究社

白井恭弘（2012）『英語教師のための第二言語習得論入門』大修館書店

髙島英幸（2000）『実践的コミュニケーション能力のための英語のタスク活動と文法指導』大修館書店

田中武夫・田中知聡（2009）『英語教師のための発問テクニック：英語授業を活性化するリーディング指導』大修館書店

玉木佳代子（2009）「外国語学習におけるプロジェクト授業――その理論と実践――」『立命館言語文化研究』第21巻　第2号，231-246.

土屋澄男・広野威志（2000）『新英語科教育法入門』研究社

投野由紀夫（編）（2013）『CAN-DO リスト作成・活用 英語到達度指標 CEFR-J ガイドブック』大修館書店

本多敏幸（2013）「ため息からの授業改善：ポイントはこれだ！⑥」『英語教育』2013年，Vol. 62, No.6, 9月号

松村昌紀（2009）『英語教育を知る58の鍵』大修館書店

村野井仁（2012）「第2言語習得理論と外国語教授法」村野井仁・渡部良典・尾関直子・冨田祐一『統合的英語科教育法』（pp.121-141）成美堂

村野井仁・千葉元信・畑中孝実（2001）『実践的英語科教育法――総合的コミュニケーション能力を育てる指導』成美堂

三浦孝・内田恵・矢野淳・飯塚稔文（2010）『確かな力を育てる英語授業ハンドブック』平成19年度日本学術振興会科学研究費補助基盤研究（C）「力量ある英語教員養成のための授業力向上訓練ビデオ教材の開発」研究成果報告書

横溝紳一郎（2009）「教師が共に成長する時―協働的課題探求型アクション・リサーチのすすめ――」吉田達弘・玉井健・横溝紳一郎・今井裕之・柳瀬陽介（編）『リフレクティブな英語教育をめざして　教師の語りが拓く授業研究』（pp.75-118）ひつじ書房

渡邉時雄・高梨庸雄・齋藤榮二・酒井英樹（2013）『小中連携を意識した中学校英語の改善』三省堂

索引

あ

アウトプット 4-5, 18, 21, 116, 118, 129
言い換え 28
意見を求める発問 48
インタビュー 72, 120
インタラクション 18, 20-21
インテイク 4-5, 118
イントネーション 115
インフォメーションギャップ活動 21, 59, 61, 66, 128
インプット 4-5, 17-18, 20-21, 88, 90, 112, 118, 128-129, 144, 174-175, 183
インプット仮説 17
インリーディング 98
ウォームアップ 21, 24, 33, 102, 115, 119, 133
歌 27
英語語学番組 175
オーバーラッピング 52
オーラル・インタープリテーション 101
オーラル・イントロダクション 9, 22, 34, 36, 38, 47, 56, 90, 102, 144, 156-158, 176-177
オピニオンギャップ活動 59, 61-62, 128
音声処理 89
音読 21, 77, 187
音読のさせ方 51

か

学習意欲 4-6
学習指導要領 12, 14, 16, 98, 112, 118, 128
学習ストラテジー 180, 182
学習到達目標 12-13, 77, 82
家庭学習 158, 184
観点別評価規準 133, 135
キーセンテンス 100
キーワード・リテリング 69
机間支援 50, 72, 146, 157
教材研究 176
教室英語 21, 174-175, 177
教師の役割 66, 98
強勢 114-115, 187
クエスチョン・ビンゴ 70
グループ・ディスカッション 74
グループワーク 5, 15, 76, 78, 134
言語活動 6-7, 12, 14, 59, 62, 118
口頭練習 34, 39, 145, 158
コーラス・リーディング 51
個人読み 52
コミュニケーション活動 59
コミュニケーション能力 10, 14, 16-17, 20, 54, 68

さ

作文 19, 77, 83, 146
産出 8, 18, 20, 37, 39, 111, 114
自己評価 77, 120, 135, 180, 182
事実を確認する発問 48
実用英語検定試験 178
指導案 78, 90, 120, 132, 135,

144, 156, 158
自動化理論　17
シャドウイング　52, 101
準備したスピーチ　73
自律した学習者　10, 135, 181
推論発問　48, 57
スキット　21, 115
スキミング（概要把握読み）　97
スキャニング（情報検索読み）　97
スピーキング　78, 111, 118, 128-129, 187
スピーキングテスト　13, 83-84
スピーチ　21, 27, 73, 76, 112, 115-116, 119-120, 182
スモールトーク　21, 24-25, 90
正確性　112, 118, 132
省察　170-173, 179-180
精読　15, 97
CEFR　175
セマンティック・マッピング　47
相互評価　180

た
大学入試　10
第二言語習得研究　17-18
タスク　87, 98-99, 181
チェックリスト　20, 22
直接テスト　84
つなぎ言葉　127, 129-130
ディクテーション　88
ディクトグロス　71
定型的な練習　115, 129, 132
提示　34
定着　37
ディベート　19
テキストの平易化　14
適切な場面　37, 39

同僚性　172
TOEIC　178
TOEFL　178
読解　54, 78-79, 157
トップダウン　86
トピックセンテンス　186-187
ドリル　21, 29, 156, 158

な
内容理解　8-9, 54, 58, 68, 76, 81, 144, 156
日本語の使用　9, 20

は
背景知識　54, 86-87, 96, 111, 118, 157
波及効果　83, 174
バズ・リーディング　52
発音練習　19, 114
発表語彙　28, 112, 114
パフォーマンス・テスト　78
パラグラフ　99-100
ピクチャー・リテリング　70
評価　12-13, 76-80, 82, 120, 146, 158, 180, 182
評価規準　79, 158
評価基準　133
表現読み　101
ビンゴ　26, 33, 70
フィードバック　7, 18, 67, 78, 128, 132, 135-136, 157, 181
フィラー　113
フォーカス・オン・フォーム　18
復習　27, 31, 40, 51, 67, 71, 136, 183, 188
振り返り　170-171, 173, 180, 182
振り返りシート　77-78

フレーズリーディング　99
プレゼンテーション　21, 132, 180
プレリーディング　97, 102
プロジェクト型学習　179
文法指導　15
文法訳読　8, 11, 183
ペアワーク　5, 15, 31, 33, 59, 71, 76, 78, 119, 134, 146
ポートフォリオ　180, 182-183
ポストリーディング　100
ボトムアップ　86, 89

ま
まとまりのある文章　127-128, 131
未知語　99, 103
MERRIER アプローチ　4

や
要約　6, 14, 21, 51-52, 71, 101-102, 177, 187
予習　8, 11, 146, 183, 186

ら
ライティング　11, 69, 78, 118, 127-129, 131-133, 135-136, 187
リーディング　11, 54, 78, 86, 96-97, 103
リード＆ルックアップ　52, 101
理解可能なインプット　17, 24
リスニング　11, 78, 86-90, 102
リズム　27, 89, 114-115
リテリング　19, 21, 70-71,187
流暢性　112, 116, 118, 132
練習　37
ロールプレイ　19, 61

わ
和訳　8-9, 11-12, 15, 78

著者紹介

*< >内は執筆箇所

望月正道（もちづき　まさみち）
麗澤大学教授。東京外国語大学（学士）。エセックス大学大学院（MA）。スウォンジー大学大学院（Ph.D）。専門は英語教育，英語教員養成。大学卒業後7年間大妻女子大学嵐山女子高等学校で教諭として勤務。
主な著書に，『大学英語教育学会基本語　新JACET8000』（共著）桐原書店，*World Trek English Communication I/II/III*（共著）桐原書店，『LINKS1500 大学生のためのトピック別必修英単語』（共著）金星堂，『新編英語科教育法入門』（共著）研究社
<第1章 事例5，第2章，第4章1・4，第7章，第8章，第12章1，第13章>

相澤一美（あいざわ　かずみ）
東京電機大学教授。宇都宮大学（学士），東京学芸大学大学院 博士（教育学）。専門は英語教育（語彙習得，教材論）。県立高校に3年，高等専門学校に4年勤務。
主な著書に，『英語語彙習得論』（共著）河源社，『英語語彙の指導マニュアル』（共著）大修館書店，『英語語彙指導の実践アイディア集』（共著）大修館書店
<第1章 事例3，第4章2，第9章，第14章>

笠原　究（かさはら　きわむ）
北海道教育大学旭川校教授。筑波大学（学士）筑波大学大学院（MA）。専門は英語教育（語彙指導，評価），教員養成。大学卒業後，北海道の公立高等学校2校で19年間勤務。
主な著書に，『大学英語教育学会基本語　新JACET8000』（共著）桐原書店，『日本人学習者に合った効果的英語教授法入門』（共著）明治図書
<第1章 事例1・4，第3章，第4章3，第6章，第10章，第12章2>

林　幸伸（はやし　ゆきのぶ）
埼玉県立草加南高等学校教諭。法政大学（学士）。私立高校で1年，公立高校で27年勤務。著書に *World Trek English Communication I, II, III*（共著）桐原書店
<第1章 事例2・6，第5章，第11章，第15章>

英語で教える英語の授業——その進め方・考え方
©Mochizuki Masamichi, Aizawa Kazumi, Kasahara Kiwamu, Hayashi Yukinobu, 2016

NDC 375／vi, 195p／21cm

初版第1刷——2016年10月1日

著者————望月正道，相澤一美，笠原　究，林　幸伸
発行者————鈴木一行
発行所————株式会社　大修館書店
　　　　　　〒113-8541 東京都文京区湯島2-1-1
　　　　　　電話 03-3868-2651（販売部）　03-3868-2294（編集部）
　　　　　　振替 00190-7-40504
　　　　　　［出版情報］http://www.taishukan.co.jp

装丁者————CCK
本文イラスト—Junko Sato
印刷所————広研印刷
製本所————ブロケード

ISBN 978-4-469-24606-3 Printed in Japan

Ⓡ本書のコピー，スキャン，デジタル化等の無断複製は著作権法上での例外を除き禁じられています。本書を代行業者等の第三者に依頼してスキャンやデジタル化することは，たとえ個人や家庭内での利用であっても著作権法上認められておりません。